Karla Curiel Villarreal

PLACER EN VENUS

AF376849

Karla Curiel Villarreal

PLACER EN VENUS

El despertar de una mujer madura al mundo erótico
y plenitud sexual

JustFiction Edition

Imprint
Any brand names and product names mentioned in this book are subject to trademark, brand or patent protection and are trademarks or registered trademarks of their respective holders. The use of brand names, product names, common names, trade names, product descriptions etc. even without a particular marking in this work is in no way to be construed to mean that such names may be regarded as unrestricted in respect of trademark and brand protection legislation and could thus be used by anyone.

Cover image: www.ingimage.com

Publisher:
JustFiction! Edition
is a trademark of
Dodo Books Indian Ocean Ltd., member of the OmniScriptum S.R.L Publishing group
str. A.Russo 15, of. 61, Chisinau-2068, Republic of Moldova Europe
Printed at: see last page
ISBN: 978-620-3-57865-2

PLACER EN VENUS

POR KARLA CURIEL

INTRODUCCION

Placer en venus es un viaje en el despertar sexual de Karina, narra cómo acontecimientos la marcaron y poco a poco en el trascurrir del tiempo fue rompiendo creencias para encontrar el placer en su máxima expresión.

A lo largo de su vida Ella nos detalla algunos encuentros sexuales que la llevaron hacer introspección sobre sus creencias, educación y cuestionarse su entorno social cultural en el que creció.

La protagonista es la recopilación de muchas voces generacionales femeninas, que se encuentran atrapadas en la lucha de prejuicios y tiempos modernos, al mismo tiempo ella logra entender desde la objetividad y adversidad masculina.

Cada capítulo esta detallado de lo que acontece en la intimidad de Karina, narra las acciones corporales y el lenguaje con la que es llevada a descubrir su potencial y capacidad sexual, a callar conversaciones internas y descubrirse en un mundo de orgasmo y placer.

El placer en venus lleva a una introspección que te invita a cuestionarte que tanto te disfrutas y entiendes tu sexualidad   en armonía con tus pensamientos.

CAPITULO 1

VIDAS PARALELAS

Sentada en la sala de del buffet esperaba la de llegada de los anfitriones de la barra de abogados y mi abogado para llevar a cabo negociaciones de interés de la empresa a la que representaba, básicamente mi función era conectar abogados y afianzar el contrato de servicios jurídicos en la zona que controlaría en un proyecto, era el quinto buffet que habíamos analizado, de acuerdo a su currículo era el que más cubría nuestra necesidad en la especialidad del giro que atendíamos, referidos por un amigo en común concerté la entrevista en la barra de abogados con el abogado de la empresa, sin embargo este me hablo para decirme que venía retrasado en carretera por un accidente y me pedía que iniciara yo , en realidad no tendría que haber asistido, eso era de abogados , pero ya había estado en otras negociaciones similares y sabia los temas a tratar por lo que me solicitaron que yo iniciara en los tiempos acordados.

Llegue al despacho a la hora acordada, la asistente me indican que por favor espere al represéntate jurídico del buffet ya que venía también retrasado por un accidente pero que ya estaba entrando a la ciudad, y me ofreció un café; sentada revisando unos documentos me encontraba cuando aparece el hombre más interesante y sensual que había visto, dirigiéndose a mí con la mirada fija y una sonrisa me dice, -una disculpe por favor, tuve algunas complicaciones , mis colegas no llegan pero yo soy el dueño del buffet y analizare la negociación, por favor licenciada pase- al tiempo que me saludaba de mano.

Entusiasmada me incorporé extendiendo mi mano correspondiendo a su saludo, observándolo pensaba que cosa tan hermosa, hombre grandote, muy alto, barba cerrada abundante y delineada, pelo rizado negro, ojos color miel, boca perfectamente delineada y carnosa, mirada profunda, apiñonado, en un traje negro impecable, desprendía una sutil esencia fresca- Gracias respondí y lo seguí a su despacho.

 - Por favor siéntese- me indico

Posicionados frente a frente separados por su escritorio sin dejar de vernos a los ojos, se generaba una atracción muy fuerte, podía sentirlo y en ese pequeño silencio en lo que nos sentábamos sin perder contacto visual intercambiamos emociones y reacciones, algo se movía en el entorno y entre ambos.

Tome la iniciativa para exponer que mi abogado igual venia retrasado por dicho accidente, pero que su servidora era la que finalmente en caso de concretar la negociación estaría a cargo del proyecto y en la ejecución con sus abogados de acuerdo al caso que teníamos, sonrió y con un tono pícaro expreso que de ser así entonces el mismo tomaría los casos para atenderme.

Nunca había vivido o sentido una atracción tan poderosa, el ambiente se tornaba bochornoso, sentía erizada mi piel y me sudaban las manos, me sentía muy atraída de una manera desmesurada; Comentamos temas de los amigos en común y como di con su despacho e intercambiamos impresiones laborales, estaba concentrada en el contorno de sus ojos, boca, manos y brazos, alerta a su tono de voz, el coqueteo que tenía era evidente, me percate que no dejaba igual de verme y sutilmente me recorría todo el contorno de mi cuerpo, mis ojos y mi boca, fui consiente que ese hombre con tinte tipo árabe me estaba coqueteando y yo estaba más que estimulada bajo su encanto.-¿ le ofrezco algo de tomar? (pregunto)- si un café por favor (respondí). –tengo wiski, me dijo- (respondí)- prefiero el café gracias- pidió a su asistente el café por la extensión telefónica, se levantó y fue a la parte trasera de su asiento, había una mesita con licores, botellas de diferentes vinos y vasos. - yo si quiero algo más fuerte ¿le molesta? - no adelante- respondí mientras lo observaba en su totalidad, aproveche para acomodarme en la silla y alinear mi falda cuidando los laterales que no se levantara al cruzar mi pierna, se sentó junto a mí para hacer más íntima la plática   y quitar el escritorio de entre nosotros.

La sensación de sensualidad y el acelere de los latidos de mi corazón al hacer algunos contactos de su mano en mi brazo al tiempo que platicaba, me tenía estimulada, habíamos dejado de lado el tema de la negociación y se enfocó en lo que yo hacía, de mis viajes, comidas, por Dios me estaba ligando y yo estaba más que dispuestas, no daba margen a que indagara yo de él, era pregunta tras pregunta, -sonó el teléfono de su escritorio que anunció la llegada de mi abogado-.

-Disculpen la tardanza, se me complico por el trafico espero que ya estés al tanto de la intención de nuestra visita- (comento mi abogado al entrar al despacho), - No hablábamos de otros temas en lo que llegabas- (le comente), - Si Abogado yo también llegue tarde, la licenciada es la que llego muy puntual, y considere prudente esperarlo, ¿le ofrezco algo de tomar? (comento el anfitrión), - no gracias preferiría ir al grano, hoy mismo regreso, como sabe el camino es largo, mañana tengo que presentar las propuestas y me interesaría saber si podemos llegar a concretar con su despacho- (respondió mi abogado), - claro adelante por favor tomen asiento , veamos como estaría la propuesta- (comento el abogado anfitrión), (me levante y con una sonrisa les dije)- Listo pues yo me retiro, cualquier tema estoy al pendiente- me dirigí a mi abogado- me informas como quedaron para podernos coordinar en caso de que firmen convenio- (ambos),   Me pidieron que me quedara en la negociación a petición del anfitrión, expreso que sería importante que yo participara, puesto finalmente trabajaríamos de la mano y poder afinar los detalles de una vez, ambos abogados expusieron sus casos, condiciones, acuerdo, términos y se logró concretar el contrato de los servicios del buffet firmando el contrato, oficialmente cerramos la negociación, que llevo más de 3 horas, el anfitrión propuso que cenáramos a manera de celebración del contrato, mi abogado se disculpaba pero regresaría en ese momentos a la ciudad del corporativo que estaba a más de 4 horas , e insistió que fuera en su representación y se despidió, realmente me sentía muy, muy atraída y propuse que la celebración la hiciéramos en la siguiente semana que regresaría mi abogado con la documentación y el contrato firmado por corporativo y las acciones a ejecutar.

- Por favor Licenciada no le perdonaría que me despreciara mi cena, por favor acompáñeme, ya pedí la reservación, no se va arrepentir se lo prometo-

Me sentí comprometida y no me pude negar, era evidente que teníamos una atracción muy fuerte y que esa cena era el pretexto para prolongar nuestro encuentro y descubrir que había de tras de cada uno, de camino al estacionamiento me sugirió que fuéramos a dejar mi carro a casa, que no tenía sentido ir en dos carros, le comenté que no había problema así no nos desviaríamos del restaurante, - ¡insisto!, me sentiría más cómodo que yo la regrese más tarde y no se exponga sola – (comento).

Tenía años de no sentirme tan atraída y deseada como en ese momento, de hecho, venia de un divorcio donde tenía años de estar empolvada sin contacto y desgastada emocionalmente, ya habían pasado 2 años y en el inter un fantasma de mi pasado vino y se fue, así que mi enfoque era mi casa y trabajo, el cual me absorbía muchísimo y era mi refugio creativo.

Esa cena fue una velada muy intensa, el coqueteo estaba desbordado, adentrada la noche fuimos a un bar muy de época y tradicional, había música en vivo, seguíamos platicando, cantando y haciendo roce de manos y hablarnos al oído por la música, - creo que ya es tarde- (le comente al oído)- asentó con la cabeza y pidió la cuenta y al salir de ahí, fuimos hacia el estacionamiento, caminábamos lento y rosábamos las mano, antes de abrirme la puerta del carro me dijo -lo siento no puedo contenerme- Me beso, por Dios que beso, que química, desbordábamos pasión y excitación, era profundo y sin prisas, degustándonos y acumulando la intensidad, me susurro - No sé qué este pasando, pero definitivamente quiero continuar, es muy fuerte lo que siento y acabo de comprobar que tu igual, quiero llevarte   a otro lugar más íntimo- lo observe por un instante y accedí.

Atracción salvaje, instinto animal, así denominaría ese encuentro en el motel, al llegar a la habitación inmediatamente se abalanzó sobre mi besándome y acorralándome contra la pared, había desesperación por poseernos, la química explosiva de su saliva y la mía mezclando al calor de nuestros cuerpos juntos, tocando por encima, el juego de lenguas y movimientos de bocas era una marea que subía e intensificaba el libido, nuestras bocas provocaban transpiración corporal y la humedad en nuestros cuerpos nos consumía; arrasada por su deseo despertó en mi un instinto salvaje, la humedad en mis senos erizaba mis pezones y punzaban mis labios vaginales secretando lubricación abundante, mi piel se encontraba chinita por completa-, De una manera grotesca me despojo de mi ropa y él se quedó solo en pantalón, no decía nada, y yo intente hablar pero me tapo la boca , hizo un movimiento de negación con su cabeza, me veía con un deseo insostenible, se veía excitado y murmuraba – que exquisita estas- complacido de tenerme frente a él me aventó a la cama, abrió mis piernas y comenzó a besarme desde los pies jugando con su lengua y boca, sintiendo el calor y el frio al mismo tiempo que dejaba el rastro de su saliva, mi respiración incrementaba con su recorrido-, fue subiendo lentamente hasta llegar a mi vagina, nunca me habían hecho un sexo oral como ese, jugaba con los dedos y mordisqueaba mi clítoris y daba golpecitos, de mi boca se emitían pequeños gemidos y pujidos , habían pasado más de 15 años que yo no me humedecía y mojaba, pero ahí estaba completamente escurrida, hacia movimientos con su dedo dentro de mí que era una locura, sentía desesperación por sentirlo dentro de mí , me tenía completamente a su merced, excitada, erizada, le decía – penétrame- ignorando mi petición me volteo y continuaba con el sexo oral hasta el culo , mordisqueaba mis glúteos y jugaba con sus dedos, se recorrió por mi espalda sentía, su lengua y labios, intentaba también tocarlo, pero me repelaba con su manos y me decía – no chiquita todavía no- con sus manos estimulaba mis pezones dando golpecitos con los dedos y jugando alrededor de mi senos, su boca y lengua mordisqueaban mis hombros , orejas, me sujeto del pelo y me volteo de frente a él , jalando mi pelo y viendo fijamente me dijo "hay chiquita vas hacer mi putita"

¿Qué?, en mi cabeza se vino la revolución, que le pasa por qué me dice así, no dejaba de verme y asentar con la cabeza y antes de yo contestarles volvió a jalarme del pelo haca atrás, y dijo "¿si chiquita? ¿vas hacer mi putita? Me besaba y recorrió su boca por mi cara y cuello, se desabrocho el pantalón y de un jalón me bajo hasta su pene, y me dijo ándale Putita, cómetela, disfrútala quiero verte, esto es lo que quieres.

Estaba en chock, pero muy muy excitada, estaba ofendida, pero al mismo tiempo seguía escurriendo, era confuso, placentero, de momento me enoje y lo voltee a ver, y me dijo de manera autoritaria, no ten enganches, aquí eres mi putita, eres mía, y te voy hacer tocar las estrellas, así que mámala , a lo largo y debajo de los huevos, y me decía abre bien la boca y él se movía y me enseñaba que quería, irónicamente comencé a disfrutar y degustar su pene en mi boca, salivaba, veía como estaba excitado y eso me ponía a mi más caliente,   me vuelve a sujetar del pelo y la barbilla y me sube, sigue jugando con su dedo en mi vagina y su boca en mis senos, comencé a disfrutar y dejar de pensar, solo veía y fluía, con movimiento brusco me vuelve aventar a la cama abre mis piernas, me da lengüetazos y embarra toda su cara en mis labios vaginales , se levanta y comienza a penetrarme a un ritmo fluido, tocando el clítoris al mismo tiempo, sus movimientos eran fuertes, me insultaba y me decía que le dijera lo carbón que era y que le gritara que si sería su puta, sin pensar me encontraba diciéndole que sí que era su puta, entre gemidos y una respiración excitada, supuse que terminaría en un momento, pero no, me voltio y continuo penetrando su boca recorría mi espalda y los hombros , sentía su respiración excitada y como hacia pequeños quejidos de placer, podía sentir su mirada clavada a tras de mí, cambiamos de posición me monto en él, sostenía mi mentón sin dejarme de ver y tocar mis senos, se mordía los labios y su rostro se veía inmensamente complacido y continuábamos alternando posiciones, yo estaba exhausta, entre gritos de placer llevábamos más de 40 minutos en el coito, me puso sobre su cara y continuo estimulándome, yo seguía una y otra vez escurriendo y volvió a penetrarme entre besos y caricias termino en un ritmo acelerado escurriendo en sudor y emitiendo fuerte sonidos hasta quedar encima de mi recostado.

Escucharlo gemir y toda esa faena me arrebataba de un solo golpe el alma y la energía regresaba lentamente a mi cuerpo, las respiraciones fueron tomando su control desbordados como trapos en la cama me veía y tocaba mi cabello hasta que nos perdimos.

 Dormimos un par de horas y cuando me despertó me besaba el cuerpo y me estimulaba con sus manos me acomodo debajo de él tocando mi cara entre besos volvió a penetrarme, estaba exhausta, las piernas no me respondían y temblaban, nunca me habían hecho sexo tanto tiempo, ni de esa manera, ni había sentido y gritado tanto, ni si quiera había tenido un encuentro sexual así en mi vida. Ahora solo de forma más sutil encima de mí con un vaivén constante y lento sin dejar de verme y decirme lo rica que estaba y lo mucho que me deseaba, yo gemía y sujetaba su espalda con mis manos y piernas, le susurraba lo rico que sentía y él estaba, comenzó a intensificar su movimiento de cadera y lo bese profundamente hasta que termino. Me recostó es su pecho cubierto totalmente de vello y sobaba mi espalda de manera cálida y tierna, por momentos acariciaba mi cara y cabello al tiempo me platicaba de su vida y cosas personales, hablo mucho, yo solo escuchaba y trataba de comprender todo ese remolino que movió toda mi estructura, mis creencias, trataba de entender a aquel hombre caballeroso siempre dirigiéndose de usted una horas antes, y después un salvaje, grotesco, por momentos ofensivos y muy complaciente, después sereno cariñoso, peor aún trataba de entender por qué no reaccione en el acto y poner límites, simplemente me deje llevar ante él de manera sumisa y en mi mente había sentimientos encontrados, pero en todo momento me hacía sentir bien y muy complacida.

Esa noche fue salvaje, estaba yo incrédula de lo vivido, al llegar a casa reflexionaba todo eso y me cuestionaba, sentí por un momento que trataba de condenarme a mí misma, como era posible que cayera tan bajo, enrolándome con un tipo que no conocía, con esa premura y de esa manera, me había comportado como una mujerzuela y debería estarme sintiendo mal por mis actos, lo aterrador era que no me sentía mal, lo había disfrutado como nunca en mi vida, ¡cínica! me dije, habían trascurrido dos días y seguía con un lívido impresionante, las piernas a veces me temblaban y dolían recordándome una y otra vez esa noche, no podía evitarlo, tampoco me sentía mal, al contrario me vitalizo, en una semana tendría que ver con su despacho y llevar acabo diligencias en diferentes ciudades, no sabía cómo reaccionar, ni siquiera quería pensar que pensaba él, no podía permitirme flaquear, que esto interfiriera el trabajo por ningún motivo, igual supuse que asignaría personal, o aplicaría el de no pasó nada, pero definitivo eso no podría repetirse, no era correcto.

A través de su asistente concretamos la gira de los casos atender, la logística y el punto de encuentro de partida con el personal ejecutorio, para mí se había cerrado ese episodio, era tiempo de accionar y enfocarme, por practicidad acorde recoger al personal y moverlo a las zonas de ejecución; prepare a mi equipo de trabajo y organizamos los puntos y documentos para hacer eficiente la operación, diseñe cronograma, envié la carpeta de información al despacho para estar en la misma línea de comunicación.

Motivada por el proyecto, que era un piloto y muy importante que saliera conforme a lo planeado, para mí sería la punta de lanza en mi carrera laboral y el de mi equipo de trabajo, mi concentración estaba al 120%, y nada podía interferir en esa misión.

El día de ejecución llego, sabíamos que sería exhaustivo y muy dinámico, mis expectativas eran muy altas y venia analizando las posibilidades de que pudiera haber contratiempos, de cómo superarlos, concentrada en el trayecto al punto de encuentro y ensimismada con mis pensamientos, estacione el vehículo dispuesta a bajarme para identificar al nuevo equipo de trabajo, cuando del lado del copiloto me tocan la ventanilla, haciendo movimientos de querer entrar, me percato de que mi contacto seria nuevamente el abogado anfitrión.

Al verlo y saludarlo, se me movió todo mi estómago, por fracción de segundos me desestabilice, pero mi enfoque profesional se sobrepuso y el saludo fue cordial y respetuoso; - ¡Buenos días Licenciado!, Ya listo, si recibió toda la información (comente, tranquila y ecuánime). -Muy buenos días licenciada, ya súper listo pinta para que el día este muy productivo ¿cómo ha estado? (respondió con una sonrisa linda y respetuoso) La conversación en el trayecto fue 100 % enfocada en el trabajo, en ningún momento se tocó el tema de lo ocurrido, sin embargo, dentro de mi había ese hormigueo y adrenalina sentía la misma atracción, y definitivamente el hombre me encantaba. Por momentos se me venían flechazos de esa noche, su aroma, la cercanía era muy estimulante, sentía su mirada penetrante, y constante, su conversación sobria y relajada, yo enfocada en conducir y estar lo más tranquila y concentrada, no daría pauta a nada.

Tuvimos un día exhaustivo con más de 9 diligencias en tres ciudades diferentes, el ritmo de trabajo fue dinámico, había una muy buena sinergia, era estimulante ver como ambos cada uno en su especialidad íbamos desahogando cada diligencia, sin acordarlo y como si hubiéramos trabajado mucho tiempo juntos, jugamos al bueno y malo en cada negociación alternando los roles según el perfil del cliente, en las situaciones donde uno podía tener más ventaja, el otro secundaba, mi equipo de trabajo estaba sorprendido del desempeño de ambos y los acuerdos favorables que veníamos cosechando, creo que la admiración profesional fue mutua y eso era más estimulante, lo hacía interesante y seductor, vernos en acción con todo nuestro temperamento y conocimiento , inclusivo al hacer la pausa para comer, seguíamos con la sinergia del trabajo, definiendo puntos y cuerdos , había entusiasmo y dedicación, siempre muy respetuosos y caballerosos, me retiraba la silla , me cedía el lado de la pared en la calle, abría la puerta del carro y brindaba su mano, en todo momento nos dirigíamos de usted al hablarnos (como ve licenciada usted está de acuerdo en…… etc).

Terminamos a las 7:00 pm y me dice: Gusta que maneje yo, la veo cansada; accedí a su sugerencia y tomamos el camino de regreso con la música de fondo sutil, en el trascurso de la carretera afinamos detalles para la siguiente diligencia que sería en un par de semanas más, y alineamos detalles, se vino un pequeño silencio entre ambos, cada uno en sus pensamientos, los míos en ese momento era lo seductor y sensualidad que traspiraba , me regocijaba de verlo en acción en el entorno laboral, y esa admiración que me inspiraba, se mezclaba un poco lo de la noche que pasamos juntos y me invadía por completo el erotismo y lívido, sentada a su lado con los ojos cerrados , bajo el manto de la noche fresca, la música, y la tranquilidad de la carretera, deleitándome cada segundo de sensaciones ; -¿Esta despierta o ya se durmió?-   estoy despierta , solo trato de relajarme un poco del día respondí- ¡viene pensativa licenciada! me comento de manera afirmativa, - Algo, estuvo intenso el día y debo reconocer que es bueno en lo que hace abogado-, Pues debo reconocer que usted es muy cabrona en su trabajo y no dejo de pensarla, no puedo evitar estar deseándola todo el día y los días que no la he visto , esa noche estuvo magnifica ¿ no lo cree?-

Había temido que llegara esta platica, pero ya había comenzado hablar sin filtrar la información- la verdad debo confesar que esa noche fue reveladora, no había experimentado ese placer, nunca había sentido o tenido esas sanciones en mi cuerpo siento que tenemos una conexión muy fuerte o así lo percibo (respondí)

.- definitivamente concuerdo con eso de la conexión respondió y continuo, hablando de confesiones nunca me había sentido así de atraído por una mujer , me hace vibrar muy cabrón, no quiero echarlo a perder licenciada, este trabajo es muy importante para ambos, pero lo otro también y no lo quiero perder.

Veníamos entrando a la ciudad, comenzaba a chispear, la temperatura había bajado en el ambiente, el seguía conduciendo y se desvió de la ruta que lo llevaría en donde lo recogí en la mañana;

- Lic. ¿no va a recoger su carro donde lo dejo en la mañana? Pregunte

- Claro, pero eso lo haremos más al rato, ahora me la voy a devora toda, esto que sentimos está muy cabrón, no tenemos por qué negarnos ¿o tiene algún inconveniente? Pregunto.

Lo vi a los ojos y tenía ese semblante de deseo, por mi cuerpo recorrió una sensación de escalofrió, las sensaciones que ya traía en ese momento genero una implosión arrebatando mi razonamiento   - Ninguno respondí.

Entramos a un motel , comencé a ponerme nerviosa, no sabía si la anterior noche fue el encuentro y el calor de las copas lo que nos llevó a tan salvaje encuentro , tan desinhibidos y frenéticos, pero veníamos de una larga jornada laboral, sobrio y con las mismas ganas; Al entrar a la habitación comenzamos a besarnos, para mí fue como ratificar esa atracción o validar que no solo fue el momento, pero era definitivo , la química que se desprendía entre ambos al hacer el contacto comenzó a desbordarse, me quito la camisa y el sujetador, me puso de frente contra la pared, recogió mi cabello con una mano, y me sujeto de la barbilla con la otra, comenzó a besarme por todo el cuello, al tiempo que introducía un dedo en mi boca metiendo y sacando, provocando que salivara en desmedida, abarcaba con su boca el contorno de mis hombros, mordisqueaba de tal manera que provocaba esa tención pero sin dolor exagerado era provocativo, mi cuerpo reacciono a esa parte de manera muy erógena provocando por demás mi sensualidad y disposición, recorría su lengua por toda la espalda hasta llegar al otro hombro, metió un segundo dedo en mi boca y simulaba una penetración, me susurraba que olía delicioso que el sabor y tacto de mi piel lo volvía loco, yo parada de frente a la pared, recargando mis dos manos sobre ella para hacer fuerza con el vaivén de sus caderas rosando mis glúteos, sentía mis pezones duros y parados y palpitaciones combinados con calor en mis labios vaginales y vientre, comenzó a bajar su mano completamente salivada por mi cuello y remojo ambos pezones turnando uno a uno comenzaba dar masajitos como si quisiera enroscarlos, luego sacudía sus dedos rozando el pezón como golpeándolos , la sensación de la humedad de sus dedos, el frio del clima , el estímulo y esos golpecitos era muy excitante, me tenía erizada completamente, mis brazos chinitos y mi pezones completamente parados, sentía su respiración excitada, me envolvía el calor que emitía de su cálido cuerpo y su miembro completamente duro limitado por el pantalón y mi falda.

 Sujetada del pelo contra la pared, con su otra mano se despojó de su camisa quedando igual que yo descubierto de arriba, me voltio frente a él, y sujeto mis dos manos por encima de mi cabeza contra la pared, el calor de su cuerpo que emitía en contraste con la pared fría en mi espalda pareciera estar en complot para potencializar mi excitación, me vio intensamente por unos segundos y se aseguró de sujetarme con una sola mano mis dos muñecas, sin dejar de verme llevo sus dos dedos del medio a mi boca , jugando por dentro y con mis labios, yo estaba muy excitada y me pedía que no dejara de verlo, provoco bástate saliva en mi boca, y llevo su mano por dentro de falda y de mi pantaletas, comenzó a masajearme los labios vaginales y el clítoris, me decía. -no dejes de verme - mordisqueaba mi boca y me besaba intensamente, al tiempo que me presionaba contra la pared, apretaba mis muñecas e introducía sutilmente su dedo en mi vagina y hacia movientes circulares.

Sentía el calor de su cuerpo desnudo y velludo sobre mi pecho, el olor de su piel su exhalación sobre mi boca y cara ambos transpirábamos, bajo mis manos y me pidió que le quitara el pantalón, nos recorrimos hacia la orilla de la cama y se sentó completamente desnudo y erecto, me acerco hacia él y me quito el resto de la ropa, subió mi pie en la cama de frente a él con un pie en el piso, el en medio sentado , mi vientre estaba a la altura de su rostro , comenzó a jugar con sus dedos desde mi culo hasta la vagina, yo lo sujetaba de los hombros , me hacía movimientos internos circulares y tocaba algo por dentro que movía ¡ me volvía loca! yo lubricaba abundantemente, y me decía quiero que te vengas a chorros, y seguía estimulándome , estaba muy excitada y sentía que iba y venía de mi realidad, tenía que ir a orina y le dije

-espérame necesito ir al baño –, y me dijo -no, no es orina te vas a venir suéltalo-

 pero yo no podía , mi sensación era confusa con muchas ganas de orinar pero diferente, me dijo- relájate déjate ir - me acostó en la cama , abrió mis piernas y comenzó a hacerme sexo oral y jugar con mi clítoris una de sus manos la puso sobre mi vientre con el dedo pulgar estimulaba el clítoris y con la palma apretaba y daba masajes circulares , con su boca estimulaba mi vagina,   yo estaba en orgasmo , gemía y gritaba   y le pedía que parara que tenía que ir al baño, pero no paro , y comencé arrojar líquido a chorro continuo , en ese momento toque el cielo, el alma se me salió y regreso, mi estómago convulsionaba   con espasmo al tiempo que seguía aventando chisguetes.

Me preocupe por el accidente, pero el hombre seguía estimulando, mojado de su rostro, la cama empapada, me decía -así chiquita, así te quiero toda escurrida para mí, estas bien rica, no pares-yo continuaba en éxtasis una y otra vez, cuando vino la penetración fue maravillosos, yo seguía completamente complacida, gemía , gritaba, mi cuerpo completamente empapado, mis piernas y cadera temblorosas y súper sensibles a todo , el hombre me llevo de frente al espejo con mis manos sobre el tocador ambos parados , me inclino hacia a delante acomodo mi cadera, el atrás la suya la alineo a la mía y me tomo del pelo brusco, de un jalón levanto mi rostro de frente al espejo y me penetro, yo continuaba muy estimulada , me dijo

-mírate, abre los ojos- y lentamente metía y sacaba su pene, disfrutando cada centímetro mi vagina y yo su pene, me decía- eres mi putita, vete que hermosa te ves, vete la cara cuando te cojo eres un placer y por eso eres mi putita-

Confrontarme conmigo al espejo y ser mi propia espectadora de cómo me poseía despertó a la bestia que quería más sin razón ni control-. sujetada de mi pelo penetro fuertemente, metió un dedo a mi boca y con el resto de la mano sujeto mi mentón, no paro hasta que logro que volviera yo eyacular de manera masiva, cayendo al piso, salpicando los pies , comenzó a venirse, haciendo sonidos y quejidos , el sudor nos recorría la piel, escurrimientos en las piernas despojaban el frenesí acumulado y contenido que teníamos, exhaustos, tumbados de un lado de la cama , el resto estaba mojada- muñeca estuviste perfecta ese squirting estuvo maravilloso gracias- expreso casi susurrando

Completamente sin fuerzas, muy cansada, seguía con mi respiración fuerte, las piernas, los brazos no dejaban de temblarme, el sudor corría por todo mi cuerpo, había tenido una sensación de haberme vaciado, de ligereza, me habían quitado un peso enorme de encima, de libertad total, el mundo no existía, no había ningún pensamiento que no fuera el placer de todo mi cuerpo, había sacado una gran energía que radiaba todo mi ser, mi cuerpo y mi alma, no me importaba nada que no fuera yo.

-¿ squirting? Que es eso pregunte, pero el silencio marco su sueño profundo, lo observe dormir y entonces descubrí que al dejarme llevar , no hubo ningún prejuicio, complejo, pensamiento, cuestionamiento ni razonamiento que me invadiera o se apoderara de mí, también me percate , que en ningún momento pensé o me preocupe por que el estuviera cómodo , le gustara, o complacerlo, ese momento el objetivo fue que yo tuviera placer, que yo disfrutara, también comprendí que mis ganas de orinar era solo la sensación de un orgasmo acumulado para explotar y que en el momento del máximo climas sale por la vagina liberando la presión, que en algún momento en el pasado como que quiso llegar pero lo contuve y pare el momento y fui al baño, el cuerpo es sabio al interrumpir el coito se cortó el fenómeno y mi organismo simplemente libero la presión mediante la orina, vaya lo compenso.

Yo estaba radiante, literal así me sentía allí yacida sin fuerzas a un costado del hombre, regularizando mi respiración y analizando todo, comprendiendo muchísimas cosas, como era posible que yo a estas alturas de mi vida viniera a conocer el placer total de la sexualidad , con alguien a quien apenas conocía era la segunda vez que nos veíamos, no había amor, ni fue el tema del enamoramiento, no hubo tiempo de desarrollar o generar sentimientos de esa naturaleza, fue la realidad de un hombre y una mujer disfrutando del máximo de la sexualidad , de esa libertad total rehusándome a regresar al mundo.

La deshidratación que tenía era contundente, había perdido liquido por cada poro de mi piel y cuerpo, me arrebataron abruptamente mi secuela de años de estrés, como si fuera un acto compasivo para poder continuar con las cargas de tensión y estrés venideras.

Despertó y se acomodó junto a mí, ese momento de reposo, silencioso lleno de complicidad dio la pauta a una conversación al desnudo total, de pensamiento y cuerpo, sentados en la cama recargados sobre la cabecera compartiendo un litro de agua, así fue como nos expresamos verdades intimas y confesiones personales, le hice saber lo que acababa de experimentar de mis descubrimientos, en algún momento me olvide de ser atenta a sus necesidades - lo siento - le dije, -expreso que para él había sido extraordinario ver y vivir por primera vez como una mujer eyaculaba y tocaba el orgasmo de manera genuina , que estuviera tan dispuesta, con actitud de libertad total disfrutando cada momento, provocaba en el como hombre estuviera excitado todo el tiempo , deseoso de prolongarlo , ya que para ellos normalmente pueden llegar a la eyaculación muy rápido y quedar satisfechos, pero este tiempo de estímulo de la pareja realmente lo hacía también orgásmico , satisfactorio; Había estado con muchas mujeres de todo tipo, y había descubierto conmigo lo que era un orgasmo genuino como mujer , que siendo frio y en su momento le funciono creer que la mayoría lo habían disfrutado pero que igual la mayoría que decía que termino en realidad no lo habían hecho, que en una postura muy egoísta finalmente ellos terminan, pero que si hay una gran diferencia cuando realmente ambos están en la jugada y terminan juntos, coincidimos en que la mezcla de los sentimientos juegan un papel importante porque compensa muchísimo esa plenitud, hablando del enamoramiento claro, el cual detona en muchas aristas de tu vida para compartir , pero que no siempre con la persona que amas se llega a tal placer y complicidad, estaba más que claro que nuestro caso era una atracción muy muy fuerte sexual, de bajos instintos, nos ganó sobre todas las posibilidades de empezar de manera diferente o tradicional, la claridad que teníamos ante dicha declaración fue muy objetiva y sobria, nos evitó cualquier conflicto y mal entendido en el futuro.

No estaba enamorada, él tampoco, si había una admiración profesional mutua, y definitivamente una conexión extrema sexual, pero sobre todo estábamos dispuesto a seguir experimentando y detonando nuestros cuerpos, no ocupamos de muchas justificaciones o explicaciones para definir nuestra relación, no hubo título, quedo implícito que en la calle somos, conocidos, en su momento compañeros de trabajo, proyecto dos meses, y en la intimidad dos amantes escondidos a la luz del día para coincidir y entregarnos al placer.

Durante 9 meses los encuentros fueron acortándose cada día más, con la química que teníamos, para el fui su material experimental de cómo llevar a una mujer al orgasmo, como controlar los tiempos y hacerlos más largos, como recuperarse y lograr tener hasta 5 descargas, para mí, fui alumna que aprendió a conocer su cuerpo, trabajar su inteligencia emocional para que nada afectara mi desempeño y placer, me enseñó a descubrir zonas erógenas que no conocía, posiciones que beneficiaba su desempeño, las que prolongaban mi placer , me forjo para complacer a un hombre, sin descuidar mi propio placer, me libero de tabús, creencias, a entender las diferentes facetas que se viven en la cama , comprender el poder de las palabras , las maldiciones, los sonidos que pueden llevar a mezclar la fantasía del momento y su efecto, a respetar limites mutuos donde cuidábamos de no lastimar en cualquiera de las formas uno del otro, comprendí la importancia que tiene cuando por alguna razón el desempeño de ellos no está al 100 % y que no es obligación que siempre sean los expertos, los de la iniciativa y la responsabilidad del buen desempeño de placer hacia uno como mujer, entendimos que por más que le haga y toque si no está conectado no funciona y no pasa nada , que una plática profunda puede revertir el efecto, la importancia de escuchar sin interrumpir puede volverte a conectar.

Concluí que el orgasmo es de quien lo trabaja así de simple, es que estés conectado contigo mismo, con tu cuerpo, libre de pensamientos, expectativas, complejos, de buena actitud, coadyuvas con tu pareja a ese acompañamiento, es un trabajo en equipo, el ganar, ganar, claro que el resultado es maravilloso.

Así como llego, tempestivo, inesperado, salvaje, practico, así, sin mayor drama se terminó, nuestros caminos tomaron rumbos diferentes, por mi parte, fui enviada a otra ciudad a concretar un proyecto lo que hacía complicado los encuentros, al poco tiempo por su parte tuvo una oportunidad que mejoraba la calidad de vida familiar y económica fuera del país, la experiencia y vivencia que tuvimos fue una oportunidad que no muchos tienen, no es una historia de amor como tal, pero fue un aprendizaje invaluable, de compromiso, admiración, comunicación, complicidad, pudo ser el escenario para esa historia de amor apasionada llena de drama , romance etc, se podría decir que era perfecto para hacerlo trascendente, pero la realidad es que pese a todo ello nunca me enamore, lo atesoro y es muy importante por lo que aporto a mi vida, pero nunca me vi en esa historia amorosa , esos sentimientos no llegaron , y estoy convencida de era necesario encontrarnos en el camino para fortalecernos , descubrirnos , aprender, tomar y soltar , así de simple con esa belleza de las cosas sencillas que te hacen saber que estas vivo y no todo es dolor, tragedia, también hay placer , y vives al máximo cada momento sin castigarte o pagar un precio, me dejo preparada y fortalecida a vivir mi sexualidad con el máximo placer.

A partir de este punto, mi vida sexual e intimidad cambio por completo, desde el auto placer, algún encuentro o relación, se ha modificado, el control sobre mi cuerpo y mis expectativas son siempre muy altas, comprometida con el acto, a sacar el mayor provecho y satisfacción que me sea posible.

Hoy en día, la revoluciones sexuales y movimientos de diversos grupos y géneros se han revolucionado impactantemente a nivel global, hoy las mujeres disfrutan de su sexualidad con una libertad desmesurada, muchas jovencitas empiezan a muy temprana edad, y seguramente muchas de estas chicas viven orgasmos y eyaculaciones, son expertas en las formas y la diversidad, están mucho más conscientes de sus cuerpos y con un sin número de formas de información, artículos estimulantes, juguetes etc.

Pero muchas tantas a pesar de tener toda esta revolución y actividad no saben realmente como llegar o sentir un orgasmo, y que decir de mis contemporáneas, con una carga generacional de creencias, sobreviviendo matrimonios en los que nunca han llegado al clímax y otras tantas como yo que tuvieron que pasar décadas para vivirlo.

CAPITULO 2

INTROSPECCION

Mi nombre es Karina, nací en la década de los 70´, en un pueblito del centro de mi país en México, pertenecí a la clase social media, aun cuando mis padres venia de buenas familias acomodadas en las grandes ciudades, ellos se aventuraron a iniciar su vida en provincia, al poco tiempo de nacida mi padre fallece, mi madre toma las riendas y es ella quien nos saca a delante , decidida a echar raíces y sacarnos adelante, fuimos criados con el cobijo de colegios de monjas, buenas costumbres, conservadoras cuidando las normas sociales y salvaguardando la reputación del apellido.

Tengo algo más de 40 años, he caído en la cuenta que he tenido en promedio 1.8 relaciones sexuales a lo largo de mi vida, tomando en cuenta que inicie a los 18 años mi vida sexual, en una generación donde el tabú, las buenas costumbres, y la sociedad de mi país era muy conservadora, créanme que me he sorprendido de este análisis, profundizando en una retrospección mi vida y vivencias, tampoco es para espantarse, o si?, veras, estoy algo peleada con el termino Puta, si buscamos el significado no hay definición como tal, lo relaciona a prostitución , que es el que obtiene un beneficio económico, en especie o por favores sociales , laborales o materiales a cambio de sexo, irónicamente y sin meterme en temas feministas que no es el enfoque, solo como connotación y cultural, el hombre que es muy aficionado a relacionarse con mujeres, intentando conquistarlas o seducirlas se le denomina como mujeriego y estamos familiarizados con el concepto sin ser ofensivo solo característico.

En el caso femenino el concepto cambia, no hay una pablara definida, lo más cercano es Poliandria y se enfoca más a mujeres que tienen varios esposos, obvio esto no aplica en países latinos, el otro concepto que se asocia según el diccionario de la lengua española es promiscua, y como referencia Hombreriegas Persona aficionada a tener relaciones sexuales con hombres, claro dentro del mismo concepto de promiscuidad.

La realidad es que, por cultura, tradición inclusive en estos tiempos, PUTA seria mi definición, en alguna ocasión hace más de 20 años escuche en una despedida de soltera esta frase "mira linda escucha bien lo que te voy a decir, para que perdure tu matrimonio tu deberás ser una dama en la calle, una ama en tu casa y una puta en la cama". de una mujer de buena reputación y costumbres, respetada en la sociedad con un matrimonio de 32 años, en ese entonces me sorprendió, fue grotesco e incomprensible

Para la época, fuertes declaraciones, no alcanzas a magnificar como ser una puta en la cama, los matrimonios eran muy jóvenes, algunos comenzaban desde los 15 años, la mayoría entre los 18 y los 20 ¿cómo era ser una puta en la cama para preservar tu matrimonio? ¿que implicaba? Sabes, el concepto se contraponía, si eras una puta sencillamente no te consideraban para un matrimonio, si jugabas a querer tener toda la experiencia en tu matrimonio, también era un problema de alcoba el esposo desconfiaba que de donde sacabas esas ideas, con quien hablabas o de plano te etiquetaba de infidelidad, claro te hablo de un pueblo latino en los años 80.

En aquellos tiempos, como en estos tiempos modernos, la palabra no ha evolucionado seguimos siendo clasificadas como putas por vivir una vida plena sexual, tenemos una revolución de información en los medios masivos como el internet, la facilidad de los móviles, tecnologías, ha evolucionado desmesuradamente en todos los aspectos el mundo, esto marca la diferencia contra otras épocas, había censura en la televisión, en las ideologías de género, de culto, en temas de sexualidad, tabús dentro de las mismas familias , secretos , todo se basaba en ser propios, respetosos y cuidar mucho la imagen, ya que de ello dependía que las jóvenes se colocaran en buenas familias, la prosperidad de los negocios, y profesiones , el tema moral tenía un impacto social.

Las tierras bajas y céntricas del país facilito la industria y con ello el desarrollo, convirtiendo pueblos en pequeñas ciudades fructíferas, llegaban la tendencias y modernidades de las grandes ciudades y de vez en cuando se suscitaban grandes escándalos por chicas citadinas que vacacionaban; ante los ojos de nuestra ciudad tenían un comportamiento amoral y las definían como mujerzuelas, por trasnochar, por consumir bebidas conquistando a los jóvenes en discotecas, y plazas, eran las que viajaban en taxi de noche solas, porque sus padres no iban por ellas, como el resto, no era la vestimenta lo que incomodaba, era la actitud más segura, relajada y divertida, sin poses de las chicas que venían de la capital y donde su ritmo de vida era diferente, para los padre de provincia eran amenazas para sus hijas que podrían ser influenciadas a llevarlas por mal camino y en pueblo chico infierno grande.

Los domingos eran muy tradicionales y se marcaba mucho las clases sociales, hasta para la visita a las iglesias de misas dominicales estaba marcado, llena de iglesias se definían donde acudía la clase media y alta, así como a las que asistía la clase baja, se acostumbraba después de misa a pasear, en el caso de la clase media y alta en la alameda zona arboleada con juegos infantiles, puestecitos y restaurantes, rodeada de casas grandes y carros lujosos, ahí se congregaba la sociedad, para la clase baja la plaza principal en el primer cuadro de la ciudad rodeada de tiendas y mercaditos, pequeños restaurantes y puestos, era su zona de influencia, en el caso de escuelas también era notorio , las públicas para clase baja, había un promedio de 6 colegios accesibles para clase media la mayoría dirigida por monjas para mujeres y 2 dirigidos por padres o monjes para hombres, y también las grandes instituciones algunos franciscanos y otros muy reconocidos en la región muy costosos mixtos y tenían todos los niveles académicos.

Temperamental, rebelde, intrépida, rodeada de adultos, crecí con responsabilidades a temprana edad, me enseñaron a cocinar siendo niña, ayudaba a la par de todos en los negocios de mi madre, y quehaceres de la casa, me educaban para ser toda una ama de casa, teníamos horarios de costura, cocina, tejido, cumplir con la escuela y ayudar en general, solo las niñas de la escuela eran de mi edad y no tenía mucha sinergia por mentalidades y juegos no encajaba , en las tardes mis hermanos salían a jugar o estar con los amigos vecinos de sus edad, pero no había de mi edad y familiares no teníamos en la ciudad, fui la más apegada a mi madre y su entorno de trabajo, entre negociaciones y resolviendo problemáticas del día a día.

Para mi adolescencia fui a una escuela pública y mixta, no quería seguir con las mismas niñas de toda la vida en un colegio de monjas, y por otro lado sabía que mi madre pasaba por un momento difícil económicamente y pagar colegios era una misión titánica que la desgastaba por mantenernos   en un nivel social el cual yo ya no estaba tan convencida, era difícil llevar el ritmo competitivo con las amigas del colegio, Vivian en mejores casa, juguetes, vacaciones fiestas, yo cocinaba, ellas en clase de ballet, yo ayudaba en el negocio, ellas con nanas, etc , no hablábamos el mismo idioma.

Recuerdo la primera vez que me tocaron la entre pierna sin llegar al fondo, ni siquiera cerca, solo fue la mano rosando sutilmente una cuarta debajo por encima de la rodilla, en la adolescencia, era el primer novio formal la etapa de cuando experimente realmente un beso apasionado, el juego de lenguas, abrazos intensos, donde ambas familias permitieron de nuestro romance juvenil.

 había la formalidad de pedir permiso a mi madre para cotejarme y la visita del noviazgo era en la sala, hubo momentos en que me invito a paseos familiares y fui muy a disgusto de mi madre, pero en alguna ocasión mi hermana mayor la cual me llevaba bastante de diferencia, ella estaba en sus prácticas profesionales yo en secundaria, nos invitó a un balneario de aguas calientes, ella iba con su novio, quien más adelante se convirtió en su esposo, el día estuvo increíble, realmente nos sentíamos como adultos, dos parejas disfrutando del día caluroso, en donde era evidente el enamoramiento de nosotros entre besos y abrazos constantemente, de regreso a casa,   en el trayecto veníamos en la parte de atrás del vehículo y comenzamos a besarnos y repente el pasa su mano en mi entrepierna y hace un toqueteo sutil......Fue una experiencia muy excitante, se movieron muchas cosas al interior de mi cuerpo, un vacío o hueco en el estómago, la piel completamente erizada y un cosquilleo que comenzaba de la boca del estómago hasta mi vagina, y una humedad en mi pantaletas preocupante, no comprendía bien que sucedía pero ese instante, ese breve momento y sutil movimiento fue sublime y muy bonito que no volví a sentir igual en mi vida, que así como llego se opacaba por el temor de lo que sentía, de los prejuicios y por qué sabía que no era correcto, me inculcaron el darme a respetar y que ningún hombre debería deshonrarme en tocarme, que solo así llegaría a ser deseada en matrimonio y solo hasta ese momento bajo el manto de un esposo debería cumplir con mi función de buena esposa.

Tenía 14 años cuando recibí una catedra de todo lo prohibido, esto derivado de mi romance al cual me habían dado permiso de tener y para ser fría realmente no fue esa platica de orientación, todo estaba prohibido y era muy malo si el chico intentaba pasar la mano debajo de la cintura, o intentara tocarme mis senos eso significaría que el chico no me respetaba por lo tanto no le interesaba y si eso ocurría ningún hombre me iba a tomar en serio , pues solo las mujeres de la vida galante permitían esas acciones, por otro lado si el chico pretendiera que yo lo tacara en sus partes íntimas o intentara mostrármelas me retirara de inmediato y lo comunicara porque era un abuso por lo tanto delito, todo esto inhibió mi momento, tenía sentimientos encontrados , pero de todos predomino el miedo.

Simplemente lo aleje y me senté incorporada hacia adelante para conversar con mi hermana y su novio, en mi mente había confusión y definitivamente deseaba que esa sensación no terminara, al mismo tiempo con la culpa de lo ocurrido, castigándome mentalmente una y otra vez, pero mi cuerpo se resistía a procesarlo y seguía reaccionando, la abundante humedad seguía acumulándose en mi entrepierna, no comprendía que estaba pasando, en mi estómago esa sensación de que algo muy grande aleteaba sin parar y me sentía eufórica.

 Un par de años atrás comenzó la curiosidad de temas sexuales y en un entorno demasiado conservador y rodeado de tabú, la misión era saber, demasiado despierta a temprana edad, rodeada de adultos, en donde la naturaleza de mi cuerpo se desarrollaba en comparación a las niñas de mi edad, el mío era demasiado evidente el contorno de mis caderas y glúteos, el crecimiento de mi pecho completamente formado y voluminosos, acompañado que antes de diez años ya había tenido mi primer periodo, era evidente mi precocidad y si tienes alguien en tu entorno mucho mayor que tú, en etapa de experimentar la sexualidad quien te comparte su experiencia eso detona un despertar demasiado agudizado.

Yolanda llego a vivir en casa por aras del destino y definitivo por un acto genuino protector de mi madre, la encontró de cajera en una tienda de autoservicio grande llorando y angustia al tiempo que recibía la mercancía de mi madre y al escuchar su historia de una hija que fue corrida de la casa de sus padres por inconformidad del novio que tenía, literal la echaron a la calle.

Yolanda llego una noche a la casa con mi madre y explico que se quedaría con nosotros y compartiría habitación conmigo, la joven rolaba turno en la tienda y seguido me quedaba a su cargo y ayudaba en casa con los quehaceres cotidianos, así como las reglas que regían bajo el matriarcado de mi abuela.

Ella comenzó a compartirme parte de su historia, yo añoraba que llegara la noche, porque era ahí bajo el manto de la noche y cada una en su cama donde las noches se tornaban de conversaciones y confecciones para ella, sin que midiera el impacto hacia a mí, era la forma de descargar y contar su vivencia a manera de secreto, para mí era mi fuente más cercana a información de   temas prohibidos como la sexualidad lo que era una fascinación seguir su historia , ella fue echada a la calle porque su padre descubrió que ya no era señorita , había deshonrado el apellido de su familia y el novio no era lo suficiente a los ojos de su familia, ¿Cómo era posible que los padres prefirieran a su hija en la calle desvalida por no respetar el amor que se tenían? Era Romeo y Julieta en tiempos modernos para mí, la novela real vivía y dormía en mi casa, a través de ella supe que dolía hacerlo la primera vez, que sangrabas, pero que valía la pena por la forma en que la tocaba y besaba, decía que era normal que el momento de que el entraba no era tan placentero que era incómodo y rozaba, pero previo a eso y el gran amor era lo que valía la pena y cuando la tocaba en su campanilla...... ¿su campanilla?, que era eso y donde estaba? Por qué le tocaba y sentía bonito, ¿cómo saber que me tocarían a mí la campanilla y sentiría bonito?, ¿Por qué decía que cuando la besaba y le metía la lengua era muy excitante?, que asco porque te metía la lengua, pero que inquietante por que se sentía bien....... A mis 12 años no podía procesar esa información y alentaba mi curiosidad, tenía que averiguar dónde estaba la campanilla y por qué teníamos que dejar que entrara a pesar de que dolía rosaba y sangrabas, donde estaba lo romántico, me explico que como yo ya era señorita tenía que conocer estos temas por que esa era la vida de una mujer y era indispensable para poder ser mamas.

El tiempo que estuvo en casa fue relativamente corto, después ella se fue y no volvimos a saber más, pero recuerdo que una de esas noches en la que me platico con lujo de detalles todo lo que hacía con su novio me generaba más dudas, me aventure preguntarle donde teníamos la campanilla, me explico que cuando me metiera a bañar me tocara entre las piernas y que siguiera con mi dedo el contorno de toda mi parte íntima y que sentiría que una parte saldría como si fuera una campanilla, que cuando el hombre te toca esa parte sientes estar en el cielo, claro que al terminar la conversación y decir buenas noches mi curiosidad me comía y bajo las sabanas comencé a explorar y descubrir mi campanilla, recuerdo que desperté en la madrugada muy agitada y sudorosa , pero lo preocupante es que mi cama y ropa interior estaba completamente mojada, con una sensación de ir a orinar fuertemente, un cosquilleo que recorría mi estómago a la vagina, siempre supuse que me gano la orina y era realmente vergonzoso que a mi edad eso me pasara, cambie las sabanas en la madrigada y me cambie, al día siguiente, mi madre cuestiono porque había cambiado sabanas , le confesé que me había tenido un accidente , pero me dijo que le dijera la verdad que ni la cama ni las sabanas olían a oriones y pues no supe que paso realmente.

La sensación de mi cuerpo, sus reacciones, y esa humedad abundante era tan parecida a la que viví esa tarde en el carro dos años después, comprendí que estaba excitada y que seguramente tuve un sueño en el que mi cuerpo reacciono, en el carro no fue tan abundante como el de mi cama, pero definitivamente algo similar asocie, me preocupaba haber sido deshonrada como Yolanda pues no tenía la certeza hasta donde eran los limites, tampoco se asemejaba a lo que ella me platicaba, temía por lo que me había dicho mi madre, y seguía confundida porque lo que sentía era demasiado agradable, quería mucho al novio y el a mí, y no creía por ningún motivo que él me haría daño,   de haber continuado o no haber nadie seguramente hubiera cedido para mi primer encuentro sexual y eso me aterrorizaba más, viví con miedo unos años, e incertidumbre, con nadie hable ni comente, lo cual me generaba inseguridad en los años venideros.

Entrada en la preparatoria, fluye demasiada información entre los jóvenes, el modelo educativo era más abierto y las clases de biología los libros eran más gráficos y la maestra hablaba ya de prevención para embarazos, hablaba con mucha naturalidad y muy abierto el tema, en ella no había esa conversación de deshonra, tabú o ser malo; Me dio la apertura acercarme y poder externar la angustia que vivía, esta mujer fue mi tranquilidad y marco una pauta en mi vida de pensamiento, al escuchar mi historia se lamentaba mucho de muchas niñas y jovencitas crecieran así, en medio de tabús, me explico anatómicamente como , por donde era una relación sexual, las consecuencias de no tener los cuidados adecuados para embarazos a corta edad, y enfermedades, también fue muy pedagógica en mi caso, ya que efectivamente había tenía un crecimiento prematuro en mi desarrollo, mi ovulación a muy temprana edad era normal los cambios hormonales que presente, el tema de la humedad era muy normal cuando experimentábamos esos contactos y acercamientos entre un chico y una chica, nuestros cuerpos están diseñados para ser sexualmente activos y no tenía nada de malo, el problema era el contexto social por un lado y por otro el tema de madurez para hacer frente a una paternidad y acortar o robar experiencias de alguien tan joven como seguir estudiando, preparase, conocer un poco más el pedacito de mundo en el que estábamos, me aseguro que no había sido deshonrada, que era buena chica, el tiempo y mi intuición me diría cuando seria el momento para vivir mi sexualidad, y que cuando llegara de verdad fuera responsable y que definitivamente tratara de disfrutarla.

CAPITULO 3

LA PAUTA

Me encontraba en plenitud de mi desarrollo laboral, Una mujer experimentada que se consolido en un entorno donde solo hombres habían desempeñado esos puestos en el que yo me encontraba, un camino largo a base de esfuerzo, capacidad y desempeño me habían llevado hasta allí, forjada de un carácter determinante y decisivo, enfocada en mi trabajo y familia, una tarde de enero Roberto, un antiguo romance de mi a dolencia, en realidad en aquella época no fue trascedente, un noviazgo pequeño juvenil y muy blanco de escuela, estando yo de gira por trabajo, llega un mensaje haciéndose presente, de inmediato lo ubique y comenzamos una serie de conversaciones en chat por unas semanas, de regreso a la ciudad pactamos tomar un café para ponernos al día, habían trascurrido más de 26 años que no nos veíamos y sin saber uno del otro.

Fue una tarde muy lluviosa, sentados en una terraza techada y al calor del café trascurrieron las horas, compartió la historia hasta ese momento en que se encontraba en trámites de divorcio, intercambiamos experiencias de mi divorcio y mi devoción hacia los hijos y trabajo, ese café prolongo noches de conversaciones, mensajes escritos, los cafés se hicieron frecuentes, cenas, tomar una copa, me convertí en esa amiga confidente, que apoyaba en un momento crítico y emocional , fue curioso porque el trato y la familiarización con la que nos relacionamos, es como si toda la vida hubiéramos estado en contacto, fue un encuentro espontaneo, sin caretas, ni pretensiones, posturas falsas no había más que dos viejos amigos que el tiempo los atrapo en diferentes caminos y hoy se encontraban.

Entre tanta conversación nocturna, transcurrió un tiempo, Roberto ya había concretado su divorcio, inclusive lo apoye en su cambio de casa, pese a la gran diferencia de personalidad y profesión teníamos una excelente relación y congeniábamos muy bien, hablábamos mucho y de todo, seguido entrabábamos en debates cada uno defendiendo su postura sin ceder, reíamos mucho también, no había obligación ni formalidad alguna, dos amigos que compartían espacios cada vez que se podía sin interferir en nuestras vidas cotidianas,   una noche se tornó juguetona, los mensajes e imágenes comenzaron hacerse coquetos e insinuantes, - ¿cómo te imaginas que sería si nos hubiéramos casados?,¿ cómo sería nuestro matrimonio?- me pregunto- le seguí   la suposición de su pregunta, y poco a poco se armaba una historia un tanto chistosa, la hacíamos divertida, eso llevo de una cosa a la otra y me prepuso que tuviéramos un encuentro de cama, coincidíamos la importancia de la química y el entendimiento en el sexo para una buena relación, me argumento que teníamos compatibilidad tanto física y mentalmente le atraía muchísimo, por mi parte me agradaba mucho, había pasado bastante tiempo sin tener contacto o relación de pareja su propuesta fue tentadora, fue directo y simplemente aventó el anzuelo y decidí pescarme.

Una noche lluviosa venia llegando de viaje y concertamos el encuentro, paseamos por un rato en la ciudad, compramos algunas bebidas previo a llegar a nuestro destino, fue un momento decisivo, no nos habíamos besado antes , de momento al llegar a la habitación literal me sentí como llevada al matadero, estaba nerviosa, nunca había entrado a un motel y mucho menos había tenido un encuentro sexual tan programado, por otro lado tenía la confianza en él y nos conocíamos los suficiente, puso música y sin tanto rodeo, ambos sabíamos cuál era el plan, comenzamos a besarnos.

 Al principio fue sutil, poco a poco fue intensificando el movimiento de sus labios y lengua, tomando la iniciativa, sus manos comenzaron tocar mis senos, caderas y glúteos, - ¿cómo vas, como te sientes? Me susurro – Bien – conteste, hubo la pauta de preguntarnos que nos gustaba, si lo que hacíamos uno o el otro era placentero , literal nos guiamos uno al otro dirigiéndonos cada uno a su zona de placer, tuvimos la disponibilidad y la paciencia en cada turno para explorar , sabes esa parte me encanto, debo confesar que la química del beso no fue apasionada o simplemente no la hubo, pero la disposición y actitud de ambos, por preocuparnos y ocuparnos por la satisfacción mutua, tenía claro que no terminaría hasta que yo no llegara a mi máximo placer, en técnica fue bueno, el cumplió en todo momento, yo me sentía cómoda, aparentemente estaba tranquila y fue agradable sentir su atención y ocupación por que tuviera satisfacción.

Podría describir que ese primer encuentro fue el experimental, fríamente fue técnico, se hizo todo lo que se tenía que hacer, con actitud y mucha comunicación, y eso pocas veces se logra si no tienes la seguridad y la confianza, creo que influía que desde un inicio la relación fue muy abierta, trasparente y sin pretensión de quedar bien uno o el otro, podría describirlo que fue un encuentro de amigos con derechos.

Esa noche se abrió una caja de pandora para lo que serían los siguientes años, iniciamos una relación sin formalizar y como de complicidad, respetaba mis tiempos , trabajo, ritmos y aceptaba mi personalidad, no era posesivo ni demándate, por mi parte para mí fue practico y fue reciproco, estuvimos un poco más de 6 meses con encuentros ocasionales y siempre en comunicación, en ocasiones me sorprendía porque me alcanzaba a la ciudad en la que estuviera para verme y era sorpresivo, espontaneo y genuino, sin embargo entro en un cuadro depresivo, se quedó sin empleo y con un alto nivel de frustración.

Decidió irse de la ciudad al otro extremo del país con su familia, fue abrupta su decisión, me entero por medio de un mensaje que ya se encontraba lejos, continuamos en comunicación a larga distancia un par de meses y un día me dice – no voy a volver hablar contigo, no estoy bien discúlpame, no eres tú, soy yo, por favor no me busques adiós- literal no dio explicación alguna y no dio la pauta a nada.

Siempre he dicho que soy una mujer con buena inteligencia emocional y mi experiencia de vida me ha hecho muy objetiva y simple, y tal cual, tuve tres minutos de reflexión ¿Qué paso?, ¿Por qué no habla de su problema como siempre lo hemos hecho?; claro que dolió, pero tuvo el valor de decirlo y no solo desaparecer, sin rodeos me dije- Listo se respeta su petición- y en ese momento fue eliminado de teléfono y mi vida, fue claro y directo de que ya no quería estar en contacto y tal cual se respetó.

Por mi tipo de trabajo era común que yo siempre estuviese de viajes e inclusivo vivía temporadas en diferentes ciudades, y en un momento inesperado llego a mi vida Héctor, que marcaría mi vida sexual, pase 9 meses sumergida en una relación erótica que despertó a la mujer dormida, experimentando en su máxima expresión, como imaginar que un día sentada esperando a los abogados de un bufet encontraría al hombre más hermosos y sensual que había visto….

 habían transcurrido poco más de un año, suena mi celular, al otro lado se escucha una voz

Roberto –Hola mami que gusto escucharte ¿cómo estás?

Karina – Bien gracias, me sorprende tu llamada pensé que no querías estar en contacto respondí

Roberto- la crisis ya paso, estoy de regreso y me muero de ganas de verte ¿dónde estás? - continúo la plática como si no hubiera pasado el tiempo, le expuse que yo no me encontraba en la ciudad que radicábamos

K - por trabajo me enviaron a Guadalajara, llevo 6 meses respondí.

 Una vez más Roberto entraba a mi vida, llego un jueves de manera sorpresiva, me esperaba afuera del corporativo, parado ahí perfectamente alineado como de costumbre vanguardista hombre de marcas y accesorios finos, recargado en su deportivo con una sonrisa en el rostro y un cigarrillo en la mano,

R -Sorpresa mami, aquí me tienes- se acercó y me planto un beso en la boca al tiempo que me abrazaba, - vamos a dejar tu carro, hice reservación para cenar en un restaurante me dijo-

Pasamos una velada increíble, me platico de su nuevo trabajo, y cambios en su vida, se veía entusiasmado y no dejaba de hablar, me hacía reír, su actitud era estupenda y proyectaba a un hombre pleno e interesante, esa noche fuimos a mi casa y continuaba hablando, e hizo una pausa

R- sabes te debo una disculpa, sé que no fue grato la forma en que te dije adiós, necesitaba tiempo para salir de mi depresión y estaba súper negativo, no quería arrastrarte a esto, pero debes saber que en todo momento eras mi motivación para salir y poder venir a ti sin cargas, siempre te pensé y añoraba verte, no dejo de desearte-

Comenzamos a besarnos y acariciarnos, ya en la recamara comencé a desvestirlo y lo puse boca abajo en el colchón, comencé a besarlo desde las mejillas, oreja y cuello al tiempo que me quitaba la blusa y sostén, pasaba mis manos y uñas sutilmente por un costado de su cuerpo de arriba hacia abajo, besaba su espalda y rosaba mis pezones por la misma, poco a poco bajaba hasta rosar mi lengua en sus glúteos humedeciendo toda la zona y después deslizaba mis senos sobre ellos, al mismo tiempo me estimulaba produciendo lubricante, lo volteé al tiempo me retiraba y le dije

K – mírame – yo continuaba tocándome con mis dedos largos y afilados por el largo de las uñas, parada frente a él

R - ven yo te toco, dime cómo hacerlo. La expresión su rostro fue sorpresiva y complacido.

K - solo mírame le dije- sentado en el borde de la cama me observaba y comenzó a excitarse demasiado con la ansiedad de tocarme, me acerque tome sus manos lo sostuve llevándolo a una posición boca arriba, sin dejarlo tocarme lo besaba y rozaba mi cuerpo al suyo, lo monte al ritmo de mis caderas y sujetando sus manos comencé a pasar mis labios vaginales sobre su miembro rosando y jugando al vaivén de mis caderas, hice algunos ajustes y comencé a penetrarme suavemente, sin prisa y con un sutil movimiento circular, al tiempo que rosaba mis pezones en su rostro a mi ritmo , apretaba el cuello vaginal al subir y soltaba al bajar, despacito degustando cada movimiento provocando abundante humedad, lleve uno de sus dedos a mi boca, provocando salivar, completamente dominando el acto bajo mis términos Roberto no dejaba de verme muy excitado, recorrí su húmedo dedo a lo largo de mi cuello y senos

K- quiero que me hagas tuya y me pruebes toda le dije-.

Entonces me cambio de posición y se enfocó con boca y lengua entre mis piernas de manera eufórica y prolongada, cuando sintió mis fluidos abundantes en su rostro

R- ¡pero qué demonios, no lo puedo creer! - y entusiasmado comenzó a penetrarme en diferentes posiciones.

Esa noche le eyacule dos veces y fue muy interactivo, recostado sobre mi abdomen sin dejar de acariciarme las piernas murmuro

R- Mami esta noche estuviste increíble, nunca me había tocado ver correrse a una mujer como lo has hecho hoy, ¡wuaoo! ¿qué paso, porque no lo habías hecho antes?, estas tan hermosa y sensual, me llevaste fuera del planeta-

El hombre no dejaba de hablar y se mostraba entusiasmado, yo lo escuchaba relajada   recuperando mi propio aliento acariciaba su cabeza y espalada, solo asintió con sonidos los sí o los no de su plática……

A partir de ahí me buscaba donde estuviera, estaba al pendiente siempre y con mucha comunicación, me notaba diferente, nos pusimos al tanto del tiempo que no nos vimos, le comenté que había conocido alguien de manera superficial y que fue pasajero, a Roberto no le causo mayor curiosidad el solo me quería en su vida.

Nuestro encuentros y acoplamiento sexual cada vez eran mejor, entendíamos muy bien el cuerpo uno del otro, debo reconocer que se esmeraba y me procuraba por tenerme satisfecha, los orales cada vez más intensos, las posturas, los tactos, había ocasiones que me pedía vestirme con ligueros y bodys, se volvía loco tenerme en el acto sin quitarme la ropa era notorio el esmero y compromiso que hacia por estar, creativo y espontaneo, podría definirlo como un buen sexo, un buen entendimiento, aceptación de personalidades con nuestras complejidades y nuestro mostros, dos personas completamente diferentes en todo sentidos, pero que nos acoplamos y equilibramos, no teníamos que decir mucho o aclarar lo entendíamos y nos entendíamos aun en nuestros silencios, se cimentaba una relación equilibrada, ya habían trascurrido 7 meses.

Desapareció nuevamente, esta vez sin decir nada, simplemente cortó la comunicación y no supe de él, yo nunca lo llamaba o buscaba, era el quien llevaba esa dinámica, al paso de los días envié un mensaje para ver si estaba bien y me di cuenta que me había bloqueado, estaba desconcertada, me invadía una preocupación, desconocía si estaba bien y no tenía forma de corroborar la información, yo en Guadalajara y el en otra ciudad, no sabía dónde vivía, solo que era una habitación equipada, por mi cabeza pasaron todos los escenarios que yo solo podía imaginar, la incertidumbre me quitaba enfoque, en las noches se agudizaba más y por un tiempo me invadió la tristeza.

Al paso de casi un año, a finales de diciembre celebrando las fiestas recibí la llamada de Roberto

– Feliz año nuevo mami, te deseo lo mejor, pronto te veré no olvides que te quiero-
el FANTASMA una vez más aparecía, ¿qué quiere?, ¿Qué busca?, ¿Qué le pasa por su cabeza y corazón?, cuestionamientos que me invadían, entre el murmullo y

la fiesta no tuve oportunidad de hablar bien con él, y para ser honesta estaba enojada, no podía articular conversación alguna, solo me limite a la cortesía de su llamada.

A mediados de enero tocaron a mi puerta, pareciera una broma del tiempo, el hombre en mi puerta con una flor en la mano,

R - por favor perdóname, sé que es injusto y cuando no estoy bien no quiero que tu salgas lastimada, pero no puedo dejarte soy adicto a ti- hablamos toda la noche acordamos reanudar la "la relación"

De vuelta al ruedo, súper atento, al pendiente, e incluso vivíamos una atmosfera de formalidad, el sexo era imparable, juguetón y fantasioso, noches con ligueros, baby, medias tacones, personajes y roles diferentes, sexo desenfrenado, algo agresivo, luego sutil y delicado, compartíamos tardes y noches realmente dinámicas, películas, comer en la cama, tener sexo, platicar, tener sexo en la sala, reir, reir mucho, compartir el día a día él te extraño, entre semana o los días que no nos veíamos.

Un par de años más adelante, tuve oportunidad de regresar a la ciudad, eso era motivante, estábamos más cerca, los encuentros se acortaban y podía organizarme mejor para poder cubrir todo, casa, trabajo y a él; Hubo ocasiones en que se complicaban los encuentros por algún tema de los dos, cuando yo cancelaba, demandaba vemos, aunque fuera un par de horas, insistía aun cuando yo atendía casa y no me era fácil, no sabían de esta relación porque nunca se había formalizado ni mezclado.

Cuando todo esto comenzó, el combinar nuestros mundos en el anonimato era cómodo para los dos, no era necesario, las cosas fluían, no había presión y teníamos libertad absoluta para enfocarnos en nuestro día a día; pero el tiempo había trascurrido y lo que empezó como alguna probabilidad de que funcionara, estaba funcionando y muy bien, me sentía preparada y consideraba que era tiempo de trascender, poder abrir esa puerta al interior de las familias, así que cuando comenzó a demandar más tiempo le dije

K - ¿Por qué no formalizar y poder tener esta sincronía con las familias?, eso nos evitaría estos momentos ¿no crees?

R- No por favor, no le pongas título a esto, no lo compliques, así estamos bien, yo no estoy preparado para una relación formal, respondió-

k ¿Cómo? ¿Entonces todo este tiempo donde la exclusividad ha sido recíproca, nos entendemos bien y lo sabemos manejar, está funcionando ¿a qué le temes? Cuestione, ¿en qué afecta si le ponemos nombre o formalizamos?

R - añadió molestó ¡No estoy listo, no me siento capaz de llevar una relación formal entiéndelo, no quiero-

Esa revelación me dejo perpleja, me desencajo por completo de mi realidad, no estaba listo para dejar su zona de confort, era eminente su temor e inseguridad y yo no quería continuar así, al compás de un Fantasma que va y aparece cuando quiere, cuando pierde el control de sí mismo, y luego fomentar y alimentar todos los días una relación y desaparecer cada vez que tiene miedo o no puede manejarlo, no quiero vivir a merced de un espíritu que no sabe lo que quiere, a no arriesgarse.

Sé que me quiere y como él decía, es adicto a mí, pero no es suficiente, aquí los sentimientos se involucraron y se cultivaron, pudo ser el que me acompañara en este viaje, con una sonrisa dispuesta a llorar, a compartir, dar y recibir, ser cómplice, impulso, pero le faltó valor y en mí ya no existía la ganas de continuar con alguien que no valora el tiempo , me sentí por un momento insuficiente para complementarlo, que mi compañía y mi cama lo volvía loco, pero no lo suficiente para compartirme en la familia, sociedad, su entorno, e incapacitado para entrar en mi mundo, y esos pensamientos comenzaron a ser molestos y críticos.

Hice un alto en mi vida y volví a repasar la historia, buscando la falla, o donde me había perdido, y si, en mi estaba encontrar el camino, y en ese viaje no entraba, no estaba fallando yo, no tenía miedo yo, ni inseguridad, tampoco corría cuando algo no podía manejar y efectivamente no era yo quien estaba complicándome la vida, y definitivamente no se la iba a facilitar o complicar yo, terminé esa relación, hoy en día seguimos mensajeando y saludando, no hay conversaciones profundas y las más largas se tornan en el hacer labor para vernos y tener encuentros y yo en rechazar o no dar pauta, insiste una y otra vez que volvamos a lo que teníamos, en ocasiones se pone nostálgico y manifiesta lo mucho que me extraña, lo difícil que es pensarme, desearme y no tenerme, el dolor que causo al no decir que también lo extraño, que lo busque o regrese, pero mi silencio prevalece y en el transcurso del tiempo me fortalecí y ver con claridad la capacidad que tengo de dar, de recibir y de ser re silente, lo cual es algo que agradezco.

CAPITULO 4

CAOS GENERACIONAL

Me resulta fascinante la peripecia de los jóvenes, realmente son sorprendentes, los ves vulnerables, inmaduros muy propios de su edad, algunos hasta tímidos, pero es impresionante la cantidad de ellos que se la juegan para tener un encuentro o experiencia sexual con una mujer madura, son como abejitas siguiendo la miel, la creatividad con la que te abordan, los roles que juegan y los rollos que te dicen es impresionante.

Es claro que el joven no busca un romance tórrido color de rosa, la mayoría va por la experiencia de una mujer madura, autónoma, que sabe lo que quiere y tiene su vida resuelta, esto es una facilidad para ellos y hasta cierto punto sacar provecho de la situación, y en muchos sentidos, no pagan, están en calidad de aprendiz, otros solo utilizan la plataforma para un bien material o económico, hoy en día hay muchísimas mujeres que asumen el costo de una compañía o encuentro con estos chicos.

Por un lado, los chavales juegan a tener todo bajo control y se pavonean que son las alfas ventajosas de utilizan a las maduras a su conveniencia, y por otro lado la madura sabe perfectamente que el chaval está dispuesto a todo con tal de un beneficio, así que simplemente pagan el costo son las típicas cougar.

Aunque piensen que puedes engañar a una mujer mayor, en realidad el único engañado resultas ser el chaval, pues la edad también hace que tengan experiencia y por lo tanto lleguen a conocer a los hombres a la perfección.

He tenido una infinidad de propuestas y chavales que seguido buscan contacto para algún encuentro o beneficio, los hay de toda clase y estrategias, y es divertido ver como fabrican argumentos y buscan por donde conectar, como mencione anteriormente, hay miles de mujeres que tienen apetito por estos perfiles, y hoy en día este tema es mucho más común de lo que uno pudiera imaginarse.

La sociedad misma se ha encargado de ir clasificando comportamientos, que hoy en día son tan normales y como tal, asumen los roles 'Sugar Daddy, Sugar Mommy , Cougar", y los chavales son una especie de pequeños gigolos, que se convierten hasta cierto punto en mantenido o recibe beneficios a cambio de mantener algún tipo de relación con una mujer madura de manera consensual hay otro elemento: el engaño y la manipulación.

Como vemos en este juego de roles cada uno define su postura, me decía un joven al cuestionarle su gusto por mujeres maduras me respondió

CHAVAL- sin ofender, hablando honestamente es que son muy pendejas, son las presas más fáciles

K- No comprendo explícate replique

CH- Si la mayoría son predecibles, es solo buscar por donde y lo demás es pan comido, y mientras más adultas, mas pendejas, son vulnerables, les llegas por el tema de atención, y les levantas la auto estima, las haces sentir sensuales, importantes, celebras su inteligencia y las vas trabajando y solitas cae, y sueltan lo que les pidas sin pedir, te pagan todo y te compran cosas, ellas mismas te buscan después y las tienes comiendo de tu mano.

 K-Interesante le dije, ¿y cómo te hace sentir esto que haces?, ¿Por qué das por hecho que tú las trabajas?

CH - Es obvio, respondió y continuo, son mujeres desesperadas y faltas de amor, ya desgastadas, que alguien se fije en ellas de mi edad es una bomba de autoestima, a veces hay que hacer cosas que no te gustan, pero al final recompensan, uno no batalla, tengo amigos que traen hasta 3 al mismo tiempo y le va bien a uno hasta carro le regalaron, las que están en redes y aplicaciones sociales son las más desesperadas y fáciles.

K-Bueno ¿es una forma de prostituirte no lo crees? Refute,

CH - No, porque no les cobramos, ellas solitas lo dan, respondió

K- Si, pero tu finalidad no es genuina es por un interés de esta índole, complemente-
CH-Si, pero no se les cobra ni pide, son ellas las que dan por estar con uno, además así se usa, todos mis amigos y chavos de mi edad buscamos a las Sugar Mommy, o maduras no importa la posición es la moda.

Por otro lado, la mujer madura ya está hecha, ya recorrió un camino, y está en su mejor momento de disfrutarse a sí misma, sin complicaciones ni tener que dar explicaciones de nada, me decía Susana una mujer divorciada de 45 años

SUSANA- Veras ya pase por un matrimonio y atender una casa, servir a todos, y el marido pésimo en la cama, yo no lo sabía hasta no probar más hombres claro, pero lo que si sabía es que no me llenaba , no lo disfrutaba y el resto ya estaba mal, tengo mi carrera, mi casa, me va muy bien, mi hijo ya se casó, he salido con tipos de mi edad, y pareciera que el tiempo los hace más temerosos a todo, no quieren relación formal, pero quieren una mujer inteligente autónoma , pero que no esté por encima de ellos porque entonces se intimidan y se complican mucho, igual no he tenido suerte, pero agárrate un chaval es muy fácil, les pagas una comida o la salida, a veces algún regalillo y tienes una pilita en tu cama llena de energía ahí les vas enseñando, pasa el rato y lo mandas a su casa, es para lo que sirven, te la pasas bien y desfogas energía, lo mejor es que los tienes para lo que tú quieres y como lo quieres.

K- ¿y qué pasa con el chaval, como lo toma o te valora? Pregunte.

S–No amiga no me interesa eso, no lo quiero para casarme ni vivir juntos o presentar en sociedad, simplemente lo que es, estos chicos se sienten comerse el mundo y que todo lo dominan, pero es parte del show, simplemente les haces creer que tienen el control es fácil manipularlos y cuando ya no te late, listo sin broncas pasas de largo.

Me encontraba en la Ciudad de México, estuve un par de meses por trabajo, me hospedaron en un hotel de la zona a dos cuadras del edificio que tenía las oficinas donde estaba trabajando, todos los días bajaba a las 2:00 pm para la comida, enfrente habían un pequeño restaurante con comida corrida, el lugar era agradable y tenía variedad, al transcurso de unos días note que todos los días un joven de 26 años acudía a la misma hora para comer, de complexión muy delgada, un libro en la mano y su mochila a la espalda, al toparnos con frecuencia comenzó el saludo a lo lejos, al retirarnos el que saliera primero asentaba con la cabeza y decía provecho, así varios días.

No me había tocado ir un viernes, porque había salido antes a otras zonas y comía donde anduviera, Pero un viernes que llegue, el restaurante estaba lleno, me sorprendió, si era recurrido el lugar, pero no para esperar turno, me pase y ahí estaba él, en una mesa, lo salude a lo lejos y le pregunte a la mesera

- Disculpa ¿tienes algún evento o por qué tanta gente?- No respondió, así se pone todos los viernes, pero como en media hora desocupo mesa- y me quede parada pasmada pensando que hacer, si esperar o comprar algo del minisúper de la esquina.

-Disculpe – escuche en mi espalda al tiempo que me tocaban el hombro y voltee- si gusta, compartimos mesa, bueno lo digo para que no tenga que esperar, yo estoy solo- era el joven al tiempo que me daba el paso hacia la mesa- mil gracias, espero no incomodar, replique.

Durante la comida, platicamos un poco, su nombre es Sergio 24 años, tenía un año trabajando cerca de ahí, hizo sus prácticas profesionales en finanzas en la empresa que trabaja y posterior le dieron oportunidad de ser parte de la nómina, viva retirado, parte de su prestación era la comida a mitad de costo ahí, por mi parte supo que estaba temporal a un corto plazo y a lo que me dedicaba.

El chico tenia mirada profunda y en general no era atractivo, muy alto y delgado, labios gruesos, ojos café oscuro y muy tímido, no hacía mucho contacto visual, se sonrojaba o ponía nervioso, la plática fue efímera haciendo tiempo para terminar los alimentos, tuvo el detalle de permanecer hasta que yo terminara, salimos del lugar y nos despedimos.

La semana siguiente comenzamos hacernos compañía a la hora de la comida, poco a poco fuimos conociendo un poco más el uno del otro, el casi no indagaba mucho, más bien era yo la que preguntaba y generaba la plática, me percataba por lo que me decía y como se comportaba que, si era demasiado tímido y en temas de amor no la había ido muy bien, se había refugiado en su trabajo, su ultimo noviazgo lo dejaron por ser demasiado tranquilo y no le gustaba salir de antro o fiestas.

Para cuando termino la semana ya había más familiaridad y yo los sábados no trabajaba, pero por logística me quedaría el fin de semana en el hotel, así que le dije

K -Sergio, ¿qué vas hacer mañana?

SERGIO - Trabajo hasta las 2 de la tarde y de ahí voy a casa, ¿Por qué su pregunta?
K- porque yo me quedare este fin de semana y la verdad no me apetece quedarme encerrada en un hotel, no conozco a nadie y tampoco quiero aventurarme sola, ¿te gustaría que hiciéramos mañana algo después de tu trabajo?

S- No le sé, ¿cómo que le gustaría hacer?, respondió

K- Pues no conozco por aquí, no sé qué hay cerca, igual podríamos comer aquí y salimos a caminar un rato, no lo sé ¿qué propones?

S- Pues déjeme pensar, pero quedamos mañana aquí y ya vemos después que hacer, ¿le parece?

K- perfecto respondí.

No se me quitaba la conversación que tuve con Susana y hasta cierto punto me sentía curiosa, nunca me había enrolado con un chaval, pese a que tenía seguido valientes que buscaban, no estaba en mi naturaleza, no me interesaba pagar un precio por compañia y mucho menos con algo tan intrascendente, no con esta dinámica, sin embargo, me daba vueltas el tema, era curiosidad morbosa y por momentos me sentí mal conmigo misma por estar maquilando con esa frialdad a mi pensamiento.

Al día siguiente, nos encontramos para comer en el lugar de siempre, me llevo unos folletos de exposiciones en museos cerca, me dijo que había revisado la cartelera del cine y menciono un par de películas viables, me hablo de un parque cerca, y de una zona un poquito más retirada donde había muchos bares y lugares con música, así que me dio un abanico de posibilidades y eso me encanto.

Terminamos de comer y le dije

K- vamos a caminar al parque para hacer la digestión – Caminamos unas cuadras grandes y llegamos, durante el trayecto seguíamos platicando, él un poco más suelto y fluía con mayor seguridad, recorrimos una parte del parque y nos atoramos en una zona de puestos, había música urbana, una sección de artículos de hippies, compré algunas pulseras y un suéter de jerga, nos quedamos viendo un rapero callejero, seguíamos platicando y haciendo bromas, sobre todo por mis artículos comprados, no daba crédito que yo comprara ese estilo.

En todo momento fue atento y cuidadoso en cederme lugar o pases, era intelectual y eso era muy agradable, pese a si timidez tenia temas profundos y debates interesantes, la tarde nos atrapo y acordamos tomar una cerveza. llegamos a un barecito, pedimos una jarra de cerveza de barril, la plática fluyo más amena, al terminar la jarra me dijo

S - ¿Pedimos otra?

K - No, respondí, mejor ya vámonos.

Sergio se acercó a la barra y pago, le dije

K- Oye pago la mitad ¿te late?

S- No como cree, yo invito afirmo.

 De camino le comenté que si quería irse para no desviarse yo seguiría el hotel,

S - No yo le acompaño refuto, un par de cuadras antes de llegar, me volvió a invadir la idea de llevarlo a la cama, de momento me pare en seco y me le quede viendo

S- ¿Qué pasa? Me dijo- me le acerqué y lo comencé a besar, al principio se quedó pasmado, le tome la mano y la puse sobre mi cintura, y correspondió, un poco tosco y torpe con su boca; le susurre

K – ¿te gustaría subir conmigo al cuarto?

S - me miro y se sonrojo, con una sonrisa me dijo- Me da pena, creo que no soy muy bueno y me morirá de la pena si no cumplo sus expectativas-

K-No te preocupes por eso, le dije, no tienes que demostrar nada, y quizás solo pasemos un rato platicando ¿quieres venir? - ok vamos comento. Seguimos caminando, le pedí – Sergio por favor no me hables de usted, podrías tutearme por favor

S- me sonrió y asentó con la cabeza.

Al entrar al elevador, podía percibir que se desbordaba en nerviosismo, no dejaba de mover los dedos y un rostro tímido lo invadía, caminamos por el pasillo, antes de entrar le dije

K- ¡ hey ¡ te siento sumamente nervioso y hasta espantado, no es la intención ponerte en conflicto o pasar un mal rato, estas a tiempo,¿ seguro quieres entrar? – sonrió y me dijo

S- ¡claro que quiero entrar, eres muy hermosa y tu forma de ser es increíble, si estoy nervioso, pero estoy bien.

Entramos a la habitación y me descalcé, solté mi pelo y le dije, - no te quedes ahí parado, pásale y relájate, si quieres quitarte los zapatos o como te sientas más cómodo, pondré café.

K-

S- ¿quieres uno? – si respondió – se sentó en el borde de la cama, sentí su mirada como me seguía por el cuarto

K- ¿En qué piensas Sergio?

S- no sé qué va a pasar comento

K- ¿Qué te gustaría que pasara? Le pregunte

S- No lo sé, pero no quiero regarla contesto.

Me senté a un lado de él y le di su taza de café, mientras daba sorbos al mío

K, - me gustaría que tuviéramos sexo, siempre y cuando tú también lo desees, le comente,

S - Nunca he estado con una mujer como tú, de hecho, no estado con muchas mujeres, y si me gustaría estar contigo, respondió tímidamente.

Me acerque comencé a besarlo de manera sutil y dulce, tome la mitad de su rostro en mi mano y le acariciaba, le quite la taza y la puse junto a la mía en el tocador. - quítate los zapatos le ordene- me acomode en la cama recargada en la cabecera, el chaval se acercó hacia mí y comenzó a besarme, le tome su mano y me la lleve a la entre pierna invitándolo a tocarme,

S - ¡enséñame!, dime cómo quieres que le haga me murmuro- le lleve uno de sus dedos a su boca.

K - Mójalo mucho le dije- luego llevé su dedo al interior de mi bragueta, haciendo movimientos circulares y sutiles entre mis labios vaginales, y le decía, - Así, si Así, despacio, siente como se humedece poco a poco, sin prisa, si Así- seguíamos besándonos, comencé a quitarle la playera, se sentía algo desesperado por tocar mis senos y despojarme de mi ropa. - Tranquilo, despacio no queremos que se termine pronto o ¿sí?, continua abajo le dije. Me llevé dos dedos de su otra mano a mi boca y comencé a chuparlos y jugar con mi boca, disfrutaba como me estimulaba y veía como se deleitaba con sus dedos en mi boca salivando, me quité la blusa y el sostén, quedando expuesta ante él, lo monté sintiendo su miembro bastante erguido dentro del pantalón, cual cría se fue con boca y manos a tocarme, chupando mis pezones y besando mis senos, sentía su prisa y agitación, como niño que le fueras a quitar el dulce, levantaba su cadera como si su miembro quisiera salir urgentemente a mi encuentro, con desesperación comenzó a desabrochar el pantalón y al mismo tiempo quitar mi braga debajo de la falda.

Me levanté y le dije, respira, respira profundamente al tiempo que me quitaba la falda y las bragas, el tumbado en la cama comenzó a despojarse de su pantalón y bóxer, quedando completamente desnudo y erecto, ¡Dios mío! El chaval se cargaba un enorme pene, bien formado largo y grueso, completamente erecto, las venas lo envolvían, su glande bien formadito y cabezón, estético, por debajo resaltaban sus grandes huevos, el chaval tenía el pene más grande que había visto, estaba algo impresionada, donde diablos había guardado semejante instrumento, algo preocupada por ese tamaño me acerque con recelo cuando me dijo

S - No te quedes ahí parada ven, mira como me Tienes, - Me recosté a su lado y comencé a besarlo, me dijo- montante como estabas quiero seguir viéndote-¡ No! Respondí, probemos primero de la forma tradicional, solo ve despacio y se cuidadoso.

Su expresión fue como de incredulidad

S- ¿Por qué me dices eso? Pregunto

K- Por qué temo lastimarme por tu tamaño, soy estrecha, así que vayamos lento. Se puso sobre mi e intento penetrar a la primera, pero al sentir el volumen me moví de tal manera de desviar un poco, volvió a colocar su pene contra mi vagina y comenzó despacio a penetrar, o por Dios esa sensación fue bastante placentera, mezcla de un ligero dolor, y lubricación al mismo tiempo, comenzó a moverse de tal manera de meter y sacar, y realmente lo estaba disfrutando muchísimo, de repente comenzó hacerlo más seguido y más fuerte, yo comencé a gritar, estaba muy complacida, ese aparato tenía su magia, -si a si no pares, estas delicioso le gritaba, el hombre comenzó a generar pujidos graves seguido de pequeño grito, y me dice –Lo siento ya no podía contenerme.

El acto había terminado, él se había corrido cuando apenas empezaba yo sintonizar, y pensé ¡hay no puede ser!, ¿dónde está toda la batería del chaval?, vaya que el tamaño si marca una diferencia, más cuando no hay mucho estímulo y pericia, lo compensa con ese aparato, pero es un desperdicio la duración pensé.

S-lo siento de verdad, voy a compensarte me decía

K- No te preocupes, suele suceder, no pasa nada le dije

S- ya la regué contigo ¿verdad?, me pregunto

K- No Sergio, fue inesperado, no pensé que terminarías así no lo vi venir solo es eso.

S - Te voy acompasar solo dame chance de recuperarme, debo confesarte que fantaseaba con un momento así contigo desde hace días, y nunca me imaginé vivirlo, estaba muy muy excitado, pero en un momento vamos por otro ¿sí? – me voltio a ver con una expresión de súplica de comprensión.

K – Claro que sí, no te preocupes le dije- me coloque de costado de espalda a él, se acercó y me abrazo, comenzó acariciar mi pelo y comenzó a platicar.

Me preguntaba qué, ¿Qué me gustaría que el hiciera?, sobre posiciones, me dijo que realmente estaba estrecha y eso lo había hecho terminar más rápido, comenzó a rosar su miembro contra mis glúteos, y estimulaba mis pezones con sus manos, comenzó a besarme el cuello, la espalda, yo me lleve mis dedos al clítoris y comencé a estimularme al tiempo que el continuaba con la misma dinámica.

Me puse boca arriba y le dije, hazme un oral, el chico bajo, y comenzó a juguetear algo torpe, le expliqué cómo hacerlo, e intento seguir al pie de la letra, pero no era algo que disfrutara el, eso se sentía, lo retire de ahí, él se acomodó de frente a mí para que yo le hiciera el oral, lo estimule un poco con mis labios, pero de manera egoísta no quise continuar hacer algo que él no estaba dispuesto a disfrutar hacer, así que me acomode y lo monte.

Comencé hacer yo toda la faena a mi ritmo, a mis movimientos y mis pequeñas contracciones internas que provocaba apretar y sujetar de alguna manera su pene en mi interior, con el van y ven de mis caderas y movimientos circulares, comencé a disfrutar de esa montura, me sentía complacida, muy complacida, el chico no dejaba de verme, tocarme, ya había pasado más tiempo que la primera vez y es estaba bajo control, le dije

k- Vamos voltéame, ponme en cuatro y quiero que penetres despacio y lo saques una y otra vez, pero muy despacio, disfrutando cada milímetro de mi interior.

Así que me voltio en cuatro y comenzó a seguir mis instrucciones, sutil, sin prisa hacia lo que le dije, comencé a gemir, y a disfrutar, estaba muy húmeda y excitada, y le dije sujétame del pelo y comienza hacerlo a tu ritmo, el chico me tomo del pelo, me acerco hacia su pecho, la otra mano sobre mi coxis, sujetando la cadera, comenzó a llevar el rimo cada vez más rápido, me dijo

S- Estas bien rica y buena , me gustan tus nalgas y cogerte- Comencé a generar pequeños gritos, esto lo estímulo y me sujeto fuertemente y comenzó a penetrar más fuerte y conciso esto provoco que comenzara a gritar al sentir su placentero y riguroso miembro dentro de mi llenando cada espacio a lo largo y ancho, el comenzó hacer ruidos fuertes entre su garganta y respiración, comenzó agolpear en el van y ven de sus caderas con sus testículos y sonaba cuando chocaba su vientre en mis glúteos, emitía gemidos graves y me decía ya estas lista , no podré aguantar más tiempo

k- No pares sigue así le decía, un par de minutos más tarde el chico se corrió cayendo al colchón exhausto.

Me recosté a un costado y me dijo

S-Linda estoy todo sudado no te acerques

K-No importa le dije, así está bien

S- ¡No! me decía, no me siento cómodo estar sudando, mejor me baño y ahorita te abrazo. Se levantó y fue directo a la ducha, detrás de él, entre yo y le dije

K- creo que eso de los fluidos no te agrada verdad, ¿te molesta si me ducho contigo? s– No adelante, vente aquí conmigo.

Comenzamos a ducharnos alternando la regadera, platicando salió uno que otro chiste, reíamos, al terminar cada uno se envolvió en una toalla, y fuimos a dar al sofá de la habitación, ahí me compartió que efectivamente tema de sentir fluidos no le agradaba, también me dijo que si le gustaba recibir el sexo oral, pero que él nunca lo había hecho, no había tenido la iniciativa porque no se le hacía atractivo, que conmigo era la primera vez , y que no había estado tan mal o como él se lo imaginaba, pero que también mi olor y humor era muy agradable.

Descubrí que era la tercera mujer en su vida sexual y que la experiencia de esa noche había sido por mucho su mejor momento en este sentido, yo me sentía adolorida de las piernas y mi interior, me sentía agotada, así que nos fuimos a dormir, en la madrugada sentí que nuevamente él estaba erecto y tocaba sutilmente mis pezones,

k - ¿Estas despierto? Le pregunte

s - Si, sigo con energía, ¿ya la sentiste? - comenzamos de nuevo bajo las sabanas, aun adormecidos, de manera sutil comenzamos a copular, sin prisa a nuestro propio ritmo hasta terminar, fue dulce, sutil como si degustáramos lentamente de este apetito una satisfacción liberadora me invadió.

Pasamos el resto del domingo hasta como las 7 de la noche en la habitación, desayuno y comida fueron el pic nic de la cama, entre películas de la televisión, comida y sexo el día nos consumió, la evolución del chamaco en menos de 24 horas había revolucionado increíblemente , cada vez más esmerado, seguro de sí mismo, dispuesto, su timidez se había esfumado, hacia bromas y no dejaba de hablar y compartirme mil y un temas, bajo la intimidad de esa habitación había florecido, su semblante era diferente y notaba un liguero empoderamiento masculino, indagaba sobre mi vida habido de respuestas, notaba su entusiasmo y precoz curiosidad.

En momentos solo me acurrucaba en su regazo, acariciaba mi pelo y rostro, dibujaba con su dedo sobre mi hombro y largo de la espalda constantemente y en pequeños fragmentos no dejaba de contemplarme, me hacía sentir muy bien, logre desconectarme del mundo real y simplemente disfrutar del momento en una paz y tranquilidad absoluta.

El resto de la semana los mensajes se tornaron cotidianos, y nuestros encuentros emotivos a la hora de comer, en dos ocasiones más tuvimos encuentros íntimos bastante efusivos y prometedores en su desempeño, notaba en él un entusiasmo y motivación peculiar, su trato fue más comprometido y sentí que estaba el moviendo emociones que no serían correspondidas

K- Sergio el viernes me voy, ya termina mi proyecto aquí. El silencio lo apodero y continuo

S, - ¿Y que vamos hacer, como será nuestra relación de ahora en adelante?

K-¡Relación! Conteste, ¿cuál relación

S-Creí que iniciamos una relación replico, a mí me gustaría continuar y seguirte viendo, yo podría ir a verte los fines de semana y quizás tu vengas otros podemos intentarlo continuaba entusiasmado, sé que suena difícil, pero si nos esforzamos puede resultar..

K.- Sergio lo pare en seco, hay una diferencia abismal de edades te llevo 18 años, nuestras vidas tienen rumbos diferentes tu eres muy joven y vas a conocer chicas de tu edad y vivir a tu ritmo no hay nosotros ni relación ¿comprendes?

S- pero a mí no me importa la edad y me siento bien contigo decía.

Esta situación no la había contemplado cuando tome la iniciativa de esta aventura, repasaba la conversación con Susana y el chaval sobre ambas posturas y en ningún lado se tocó la posibilidad de que uno se enganchara, comprendí que los perfiles no encajaban con Sergio , pues no resulto el chaval aventado alardeando de sus conquistas y sínico ni tampoco yo la mujer fatal devora chicos, entonces la ecuación cambiaba, y era un hecho que yo no me involucraría con un chavo que podría ser mi hijo y que por mucho había temas abismales que fríamente no era tema ni de contemplar.

Pero dentro de mi egoísmo olvidé por completo la otra parte, y del otro lado había un ser humano que se movían sus emociones y expectativas, dispuesto apostar y tomar el riesgo de hacer una bella historia, entonces esto ya no me pareció tan aventurado, me comencé a sentir fatal, pero tenía que parar esto en seco

K – Sergio lo siento lo único que puedo ofrecer es una amistad, no nos volveremos a ver de esta manera, ahorita no lo entiendes, pero el tiempo me dará la razón y me despedí.

Con el transcurso del tiempo después de 11 meses la comunicación entre Sergio y yo se ha tornado en una buena amistad, hablamos seguido y me comparte su caminar en la vida, me consulta y pide mi opinión, yo fluyo bien con él y de manera pacificadora, y pudimos llevar a buen puerto esta experiencia.

Sin embargo, en mi interior se movieron muchas reflexiones, el tener una vida sexual activa y satisfactoria no implica llevarse   acosta de lo que sea, tampoco es válido exponerte o exponer al otro en situaciones emocionales no correspondidas, esta debe ser bien delimitada al mismo interés, y partiendo de esto los chavales no participan en mi mundo, es importante estar en igualdad de madures , y a la par de las posibilidades de equilibrio, porque no sabes en que momento esto puede funcionar y pasar a algo más formal o compromiso, lo justo es que estemos en el mismo terreno generacional.

CAPITULO 5

LA BARRAGANA

Varada en el aeropuerto de monterrey por retraso del vuelo, estaría allí más de 5 horas, después de una semana pesada de conferencias y talleres que implemente, era tiempo de volver, al escuchar la noticia de retraso del vuelo, me dirigí a una de las cafeterías cerca de la sala, me topo con un hombre que había tropezado y caído varios documentos de una carpeta los cuales se regaron en el suelo, comencé ayudar a levantar dicha documentación,

 -Que linda muchas gracias decía

K- No te preocupes conteste al entregarle la papelería

- Venia distraído pensé que no alcanzaría el vuelo, y resulta que se retrasó contesto

K- supongo que viajas a la ciudad de México entonces, respondí sonriente

- Me miro y mostro una bella sonrisa y dijo – Sí ¿cómo adivinaste? Respondió

K- Porque es el mismo vuelo que tomare y se anunció el retraso refute

E- ¡Hola! Soy Eduardo mucho Gusto estirando su mano

K- ¡Hola Karina, igualmente, me dirigía a tomar un café ¿te gustaría acompañarme con uno? Respondí.

El hombre tenía una sonrisa peculiar, media aproximadamente 1.78 cm, con un tono acanelado, sus rasgos eran muy marcados como labios y cejas, tenía un toque intelectual con sus lentes de armazón negro, resaltaba un ligero aroma de perfume con tonos de maderas, comenzamos a platicar y fue gratificante que compartíamos profesión solo que el enfocado en la industria y yo en lo empresarial, pero hablábamos el mismo idioma, y coincidentemente su visita fue con el mismo propósito que el mío en temas de consultoría y capacitación de ciertos programas.

Detonamos un entusiasmo en el intercambio de ideas y conceptos, me mostro algunos datos de la carpeta que tenía y le ayude a organizarla nuevamente, me compartió que radicaba en la ciudad de México y de sus diferentes destinos que por lo general atendía en su tramo de control, coincidimos en 5 destinos de la zona que yo atendía intercambiamos números telefónicos y correos, pues literal pasamos todo el tiempo en espera del vuelo, cuando este fue anunciado.

El ingreso primero tocándole los primeros lugares del avión, en mi caso me toco la parte media y me dispuse ir a mi asiento, después del despegue Eduardo se acercó y le dijo al señor que se encontraba a mi lado del pasillo que, si quería intercambiar lugares asegurando que el de adelante era más cómodo y espacioso, el cual accedió.

Así que una vez más Eduardo y yo compartíamos platica durante el viaje, reíamos mucho y había una muy buena conexión, era espontaneo muy agradable, me gustaba su forma de ser y lo preparado que estaba, defendía sus posturas con pasión y era muy autentico.

Nos despedimos al llegar al aeropuerto de la ciudad de México, acordando compartir cierta información por correos y estar en contacto, Al salir ya me esperaba una unidad de transporte de la empresa para trasladarme a las oficinas.

Eduardo comenzó a escribirme por mensaje, como 3 veces por semana, platicábamos de todo, intercambiamos experiencias laborales. Una tarde me escribió y me dijo

E- ¿Qué crees?, voy la próxima semana a tu tierra ¿vas estar ahí?

K -Si respondí, hasta hoy no tengo instrucciones ni planes de moverme- acordamos vernos el día que llegaría para cenar, ya habían pasado tres meses que nos habíamos visto y conocido, inclusive nos había recomendado en una empresa que adquirió los servicios que ofrecíamos, así mismo le había ayudado con un proyecto en el que se había atorado por cuestiones técnicas, en fin habíamos tenido miles de conversaciones y ambos nos habíamos ayudado en esos tres meses, la familiaridad era cada día más fuerte.

El día esperado llego un martes, durante el día se estuvo reportando y afinábamos detalles para nuestro encuentro, realmente yo me sentía entusiasmada de verlo, teníamos mucho en común y había muy buena sinergia, a veces sentía que ya nos conocíamos de hacía mucho tiempo.

El encuentro fue emotivo, nos abrazamos cálidamente y en ambos la sonrisa no se borraba, durante la cena llegamos a un punto de la plática de temas personales como entorno familiar que nunca habíamos hablado, no sé porque eso nunca lo tocamos ninguno de los dos, pero esa noche surgió después de una llamada que recibió

E- Perdón tengo que tomar la llamada- se levantó de la mesa y salió del restaurant, al regresar le dije

K- ¿todo bien?

E - sí, perdón tenía que atender de verdad discúlpame

K- No te preocupes no hay problema respondí y en seguida agregue, ¿eres casado verdad?, me miro y respondió

E- la verdad si y tengo 2 hijos ¿y tú?

K- soy divorciada y también tengo hijos. Comenzamos hablar de las familias y compartimos fotos de las mismas, llego el momento de salir y despedirnos ahí me dio un abrazo muy cálido y me dijo

E – Me da mucho gusto estar en persona contigo, me agradas mucho te me haces una mujer muy interesante e inteligente y realmente me gustas mucho, pero no puedo ofrecerte nada y eso si es lamentable, y me dio un beso en la frente. Sonreí y me retiré.

Esa información de su situación género en mí una incomodidad, y fue extraño porque no había identificado en mi algún interés hacia el más allá de una amistad, y eso me alerto, entendí que me agradaba y que inconscientemente quizás asocié algo o di por echo algo, al saber de su situación hubo un sentimiento de frustración, así que lo mentalice para una muy buena amistad.

Las semanas y un par de meses pasaron, nunca perdimos contacto, resulto que ambos estaríamos en Guadalajara en la misma semana por lo que planeábamos la posibilidad de vernos ya sea para comer o cenar y lo iríamos despejando de acuerdo a las cargas de trabajo en su momento.

Llegue un lunes y me hospede por la tarde en el hotel, le mande un mensaje y le dije Eduardo llegue en la mañana directa a trabajar, pero ya me instalé,

K- ¿cuando llegas tú?

E - Mañana linda, siempre donde te hospedaste respondió

K- me toco el hotel arboledas, ¿tú ya sabes a dónde llegas? Respondí

E- No, aun no me confirman, pero me reporto mañana cuando llegue descansa ¡vale!

Llegue al día siguiente al hotel en la tarde, sin noticias de Eduardo y algo cansada de la jornada, me quite zapatos y prepare la ducha para un baño caliente y pedí una copa de vino tinto a la habitación, me perdí un rato bajo el agua, Salí envuelta en una toalla y otra en la cabeza y me senté en el sillón para contestar mensajes y correos, sonó mi teléfono y era Eduardo-

K- ¡Hola! Respondí

E - ¿Cómo estás? Pregunto

K – Bien gracias ya en el Hotel ¿y tú?

E- ¡A yo estoy muy cerca de ti! Respondió

K- y le digo – En serio te toco cerca de mi zona entonces (toc-toc se escuchó el llamado en la puerta de mi habitación-) permíteme Eduardo que están tocando.

Me dirigí a la puerta y al abrir asomando solo la cabeza

E – Hola así de cerca estoy, era Eduardo

K- Discúlpame un momento por favor Salí de bañarme y requiero vestirme dame 5 minutos ¿sí?

E– Claro te espero en el restaurante para cenar respondió.

 Cerré la puerta y me arreglé lo más rápido posible, me di cuenta que esa acción me había provocado una cierta emoción de su aparición así sorpresiva y sin pensarlo le marque y le dije- Eduardo, tengo mucha flojera de arreglarme y bajar realmente quisiera estar como más informal y relajada, te gustaría que cenáramos en mi ¿habitación?

E- Jajaja me parece muy bien voy de regreso, respondió.

Cuando colgué me vi en el espejo y tenía un semblante pícaro y muy risueño, ahí me dije ¡no esto ya no está bien que pasa conmigo!, el hombre era casado hecho y derecho y una invitación así es abrir otra puerta y estaba en mi reflexión cuando toco nuevamente la puerta, algo titubeante por un instante dejé que sonara de nuevo y abrí.

E-¡Hola nuevamente ¡con una enorme sonrisa en el rostro y pasando de lleno a la habitación, me dijo- Pensaba que pudiéramos pedir una pasta doble con marisco y un par de copas se te antoja eso o que prefieres- mientras recorría el pasillo al fondo de la habitación con cierta seguridad y mucha naturalidad, mientras yo estaba paralizada aun en la puerta respondí

K – Si eso suena muy bien, ahorita lo pido- cerré la puerta y me recorrió un escalofrió por todo mi cuerpo mientras me dirigía al fondo de la habitación.

Ya sentado en el sofá me vio entrar y se paró tomando mis hombros dijo

E- ¿Estas bien?, te vez como desconcertada y muy seria, solo recogí mis hombros y le hice una expresión de (no lo sé) sin decir ni una solo palabra, solo viéndole los ojos, tomo mi mentón con una mano y su dedo gordo acariciaba mi mejilla y comenzó a cercarse despacio calculando mi reacción y comenzó a besarme sutil, dulce, en el momento que sentí su labios y sabor de su boca se despertaron todos mis sentidos, la química exploto en ese momento de manera abrupta, comenzamos a intensificar los besos a tono muy pasional, el roce de nuestra lengua y engrane de las bocas estaban acopladas y se atraían más y más.

Era evidente que había una química intelectual, pero lo que se comenzó a desbordar en ese cuarto, realmente era incontenible, todos mis sentidos se dispararon al máximo, ni siquiera había contacto en zonas erógenas, simplemente el acto de besarnos era tan seductor y sensual, la importancia de tener química y saber besar es tan poderoso, no sé en qué consiste, pero pocos hombres besan excelente, tendrán la técnica, pero hay algo tan sublime que marca toda la diferencia, el cómo embonan los labios, el juego de lenguas, mordisquillos sutiles en el labio inferior, entre dientes y labios, el sabor de la saliva, humor, tacto, ese vaivén de lenguas, degustando cada centímetro y lados, la respiración, estábamos inmersos, sus manos sostenían mi rostro al tiempo que masajeaba mi nuca, concentrado en mi labios, sentía su respiración como inhalaba y exhalaba en mis manos que sostenían su espalda, podía sentir recibía su calor emanado de su cuerpo.

Por largos minutos prolongamos el beso, estimulando mi libido de formas sutiles y poderosas, entregada a ese manjar, se apartó, me abrazo rodeando sus brazos por mis hombros y espalda y pegando mi rostro a su pecho, de manera intensa y al mismo tiempo cálida y protectora,

E - ¿Que estamos hacienda Karina?, solo encogí los hombros, y susurré

K- No lo sé, pero no me sueltes, se siente tan bien este abrazo, que podría quedarme así un rato más. Escuchaba su corazón latiendo fuertemente en su pecho, reconfortada, segura, y cálida, ahí en silencio sostenida en su regazo mientras frotaba mis brazos que me abrazaba.

Sentía como también mi corazón latía fuertemente, emitiendo calor corporal y pereciera que se sincronizaba a su latir, ese beso profundo, lleno de sensualidad y pasión, así como ese abrazo prolongado tierno y protector, hicieron que mi mente comenzara a cuestionar, ¿Qué pasa?, no podemos enamorarnos, esto no es viable, tenemos todo en contra, comencé a racionalizar todo y poco a poco fui enfriando la emoción hasta que me desprendí de él.

K- Cambie de opinión, si me gustaría bajar a cenar ¿te parece bien? Le comenté mientras nos veíamos fijamente a los ojos, su rostro se endureció y me dijo

E- si vamos eso estaría muy bien.

Caminamos en silencio hacia el elevador por un pasillo largo, temía que la cena fuera incomoda o se hubiera roto esa buena relación, en verdad es que nos llevamos muy bien, hay mucha empatía y tenemos tanto en común, siempre reíamos mucho y de mi parte había una admiración intelectual, y por su parte sentía reconocimiento y atenciones, no tenía sentido echar a perder algo así por ese momento vivido en la habitación, era casado con familia, teníamos kilómetros de distancia, y lo correcto era que mantuviéramos la amistad.

Llegamos a la mesa del restaurant y pedimos los alimentos, en lo que esperábamos tomo la iniciativa

E -¿Cómo te sientes? Pregunto,

K - No lo sé Eduardo, ¿qué demonios pasos allá arriba? Respondí.

E – No lo sé linda, pero lo que si te puedo decir es que se movieron muchas cosas en mí, me agradas mucho, eres guapísima, muy inteligente, tienes carisma, pero esto que acaba de pasar me despertó emociones que no había sentido y de verdad no quiero echarlo a perder nos llevamos muy bien y no puedo ofrecerte nada, me siento impotente.

K – Bueno propongo que le demos vuelta a la página, no pasa nada cenemos y vayamos a descansar mañana será otro día ¿te parece? Refute con una sonrisa.

Cada uno partió a su habitación después de cenar, por mi parte no podía conciliar el sueño, ml mente regresaba una y otra vez a ese beso, revivía la sensación que me provoco, pero lo que más me reconfortaba era el abrazo, volvía a racionalizar y me preguntaba por qué no fue más allá, el no tenía nada que perder pudo aprovechar el momento, pero no lo hizo, y luego ese abrazo fue tan inexplicable, daba vueltas en la cama repasando una y otra vez la acción, y una y otra vez racionalizaba y me convencía a mí misma de que esto no tenía sentido, no volvería a pasar y lo mejor era continuar.

Durante el día trabajaba en la oficina enfocada en algunos documentos, sonó mi teléfono de mensajes y era Eduardo

E- Hola linda buen día espero que tu día sea bueno, sabes anoche no pude dormir me sentía inquieto, y hoy definitivamente sigo pensando, tengo curiosidad ayer fuiste muy racional con eso de la página y no pasa nada, ¿de verdad no pasa nada? Porque lo que se sintió fue otra cosa o me equivoco.

K- Hola Eduardo igualmente bonito día para ti, no es buen momento para hablarlo, te parece bien si nos vemos en la cena en el restaurant a las 8:00 pm.

E-Va te veo al rato gracias. Respondió.

No sabía que responderle y de momento fue la forma de prolongar el encuentro, y pensaba una y otra vez como negar lo que había sentido y hacerlo creíble, pero él tenía razón lo que vibramos no era necesario justificarlo era evidente que ambos sentimos una intensidad, así que tenía que afrontar las cosas y hablarlo de una forma madura, el plan resultaba sencillo en mi cabeza; Salí de la oficina a las 6 de la tarde y decidí caminar hacia el hotel que estaba a 8 cuadras, necesitaba aire y mentalizarme, evitaba llegar temprano y encerrarme en un cuarto de hotel donde el tiempo seria mi enemigo.

 Entre al restaurant faltando 15 minutos para la hora acordada, Eduardo ya se encontraba ahí en una mesa tomando una cerveza con su computadora y el enfocado, formal con sus lentes de intelectual todo propio, me quede observándolo y armándome de valor, realmente era encantador era lamentable, creo que había muchas cosas por las que, si hubiera funcionado, pero llegamos a conocernos en los tiempos equivocados, todo eso pasaba por mi mente cuando levanto la cara y me vio, con una hermosa sonrisa me saludo y se levantó a retirarme la silla, me sonroje, pues literal me atrapo observándolo, así que no evite la sonrisa y sentí como el calor en mis mejillas se apoderaba de mi rostro.

K -Hola, tengo mucha hambre te parece que pidamos los alimentos, cenemos y después hablemos del tema por favor le dije de manera insistente.

E -Claro sin problema ¿te pido alguna bebida?

Cenamos armoniosamente, platicamos de nuestros días de trabajo y cada uno expuso su vivir, compartimos algunos temas y le ayude con un reporte que tenía que entregar, en la parte trasera del hotel se encontraban unos jardines muy bonitos que tenían bancas y farolitos, de un lado se encontraban los salones de convenciones, hacia el otro extremo al final rodeado de arbustos la zona de la alberca y vestidores y una pequeña sección de sombrillas con mesas y sillas, salimos a caminar a los jardines y nos postramos en una banca, comenzamos hablar del tema, el tomo la iniciativa repitiéndome lo que me había escrito en el mensaje, reiteraba que él estaba seguro que yo había sentido algo más y que fue evidente.

K- Si, la verdad sentí cosas lindas, me encanto y al igual que tu no podía dormir, creo que nos conocimos en los tiempos equivocados y eso no lo podemos cambiar, tenemos dos opciones, la viable es que superemos esto y rescatemos la amistad ¿no crees? Le comenté convenidamente.

E- ¿y cuál es la otra opción?

K- que tengamos la aventura corriendo el riesgo de que esto se la última vez que nos veamos o que nos guste y terminaría siendo tu amante.

No sé por qué demonios dije eso último, desde la noche anterior racionalice todo, regrese caminando para poner claridad en mis ideas y solucionarlo maduramente, y en ningún momento había contemplado la idea de convertirme en su amante, vi su expresión y sabrá Dios que expresión tenia, pero sentí que quería que la tierra me tragara en ese momento.

K- Claro que esto último no sería lo más viable y la verdad no me veo de amante, así que omitamos esa opción, y sonreí apenada.

Eduardo después de varios minutos de reflexión continuo

E- vaya tremenda decisión, siendo correcto la opción número uno es el deber ser, pero hay una cuestión, en mi se movieron emociones y continuar viéndote y tratando como si nada pasara sería un tormento al menos para mí, por otro lado, siendo egoísta la segunda opción sería como una despedida, podríamos tener ese encuentro vivirlo al máximo y quedarme con eso para el resto de mi vida, pero respeto lo que tu decidas solo quiero ser honesto.

Nos quedamos en un silencio prolongado, solo cruzábamos miradas y volvíamos cada uno a nuestros pensamientos, la noche era fresca e iluminada, se sentía un clima agradable, y la energía que desprendíamos en el silencio era de tranquilidad, finalmente habíamos expuesto cada uno su sentir, ya estaba en la mesa solo había que decidir y yo tenía la última palabra, así que tome la iniciativa y le dije- Sabes que tienes razón, es injusto que sigamos alimentando una amistad cuando ambos sabemos que hay algo más, y no es sano para ninguno de los dos, así que acepto vivamos lo que tengamos que vivir aquí y ahora, nos quedan hoy y mañana para cerrar este capítulo y continuar cada uno su camino, así que hagamos que valga la pena. Eduardo me miro sorprendido y se levantó tomando mis manos y dijo

E- no pensé que fueras a reaccionar de esta manera, de verdad no me gustaría perderte, pero no puedo hacer nada al respecto, te tengo que dejar ir, así que el tiempo está en nuestra contra no lo perdamos más- caminamos hacia las habitaciones tomados de la mano.

Entramos a mi habitación, tras cerrar la puerta comenzamos a besarnos sin prisa, profundo y apasionadamente, alimentado el fuego, es la química que vibra desde el beso, todo embona, todo se mueve al interior, el olor, sabor, tacto, todo degustas al mismo tiempo avanzando profundamente a la pasión, en un solo beso se logró menguar toda la incertidumbre y a abrimos una puerta que no teníamos idea a donde nos conduciría, se desvistió por completo y continuo besándome al tiempo que él me ida desprendiendo de mis ropas en pausas, conforme lo hacía exploraba mi cuerpo y besaba cada parte, me observaba , no dejaba de ver cada detalle y mis reacciones, eso me invito hacer lo mismo, no dejaba de verlo y asentar lo que más disfrutaba entre besos y toqueteos me llevo lentamente a la cama y me recostó boca arriba, tomo mis manos y las llevo por encima de mi cabeza, ahí las sujeto de mis muñecas con una sola mano y con la otra comenzó a tocar mis labios y contorno de la vagina la cual ya estaba muy húmeda e hidratada, exclamo

E– Huy wuao estas muy mojadita que rico- sin dejar de sujetarme comenzó a penetrarme, despacio y aun solo ritmo yo cooperaba con el movimiento de mis caderas en un vaivén al ritmo de su penetración, así mismo hacia pequeños movimientos pélvicos y contraía mi vagina apretando su miembro en momentos que salía o entraba, todo era armonioso, sensual, y placentero,

K - Te gusta le susurre

E– mucho más de lo que me imaginaba, comenzó a incrementar su ritmo apretando mis muñecas me dijo

E- esto es lo que querías, que te poseyera y te hiciera mía

K- Si así lo quería confirmaba su pregunta, le pedí voltéame y ponme en 4, Acto seguido me tenía en 4 en la cama y el de pie comenzó a un ritmo más fuerte y me decía,

E - estas bien rica no quiero terminar

K- No lo hagas aquí estoy para ti todo el tiempo le dije.

Me puso en rodillas en la cama y me sujeto del mentón el parado tras de mi al borde de la cama y me llevo hasta su pecho, sin dejar de penetrarme besaba mi cuello y espalda, sentía como me olía y podía apreciar que realmente me disfrutaba, me susurro al oído

E- quiero hacerte muchas cosas ¿estarías dispuesta?

K- solo no quiero que me lastimes en ninguna forma, estoy dispuesta respondí convenidamente.

Dejo de penetrarme y me volteo boca arriba sobre la cama, tomo mis piernas y pies, y estos últimos los llevo a su boca, introduciendo su lengua entre y por mis dedos, y planta de los pies, alternaba uno y otro atendiendo ambos pies, recorrió cada centímetro de ellos con su lengua, y así gradualmente hizo lo mismo con mis piernas, en momento él se tocaba sus miembros dando estimulación a su erección permanente, en todo momento me observaba y me preguntaba si me gustaba lo cual asentía o confirmaba, así subió hasta mi vagina y ahí se sumergió en un prolongado sexo oral yo sostenía su cabello con ambas manos y estaba sumergida en tal placer que comencé eyacular, su reacción fue muy eufórica Wuaooo ¿te estas viniendo? Me pregunto muy sorprendido el cual asenté, y eso lo puso muy animal, inmediatamente me penetro a un ritmo desesperado y fluido eso me volvió a estimular por lo que continuaba yo eyaculando abundantemente, el comenzó a gemir y su rostro se veía completamente desfigurado en una expresión de satisfacción perversa, así acostada me sujeto del pelo por la nuca acercándome hacia el sin dejar de penetrarme, yo gritaba y gemía placenteramente y le decía –si así cógeme no pares, estas muy rico, y eso lo ponía cada vez más frenético y yo cada vez más orgásmica, ambos sudábamos a chorros y había humedad por todos lados, en su rostro se veía reflejado el esfuerzo sudor, color enrojecido y su mirada perdida, al tiempo que no dejaba de gemir y hacer ruidos guturales, eso me excitaba mucho. Exhausta le pedía que ya terminara y lo hiciera estando dentro de mí, tras unos minutos más termino, ambos estábamos con un ritmo acelerado, las respiraciones eran fuertes, seguíamos bañados en sudor tumbados boca arriba en la cama tratando de recuperar el aliento, no nos habíamos percatado que la madrugada nos había alcanzado, había transcurrido más de 4 horas sin parar.

Eduardo. - no lo puedo creer jamás había vivido esto

K. - ¿Qué?

E- eso que hiciste, venirte de esa manera, si había escuchado o visto en películas, pero jamás lo había vivid yo, me volviste loco es el mejor sexo que he tenido en mi vida –

K.- ¿En serio? Yo lo he disfrutado mucho no hay forma de que te diga lo contrario has estado perfecto

Eduardo – mira sigo estimulado, llevando una de mis manos a su miembro completamente erecto, yo estoy muy cansado, pero él no comento.

Era mi momento de corresponder así me bebí un litro de agua, tomé un baño rápido, y Salí envuelta en una toalla, me pare al borde de la cama y observe como yacía allí exhausto completamente desnudo y erecto, tome sus pies y comencé a besarlo y jugar con mi lengua alternando sus pies , piernas fui subiendo hasta llegar a su pene, comencé a introducirlo en mi boca, mi lengua jugaba alrededor y bordes de sus glande, daba pequeños succiones y luego lo introducía completo en mi boca hasta donde mi garganta me lo permitiera, me tome mi tiempo para explorarlo completamente, disfrutando completamente, él no me dejaba de ver y comentaba.

E-¡uff eso está deliciosos!, ¡que rico no pares!, lo haces perfecto!,¡ realmente te gusta disfrutarlo, es muy excitante verte como lo haces!

No dejaba de expresar lo bien que sentía y lo excitado que estaba, y eso a mí me estimulaba más y al mismo tiempo lo disfrutaba, recorría su miembro desde los testículos hasta la punta, mordisqueaba sus muslos y apretaba sus nalgas con mis manos, estimulada me posé encima de él y comencé a penetrarme con movimientos circulares en mis caderas, yo controlaba la entrada y salida de su miembro, a un solo ritmo despacio, como si fuera una marea que va y viene a su propio ritmo en medio de la noche tranquila, y sin prisa, solo fluyendo a un compás placentero y muy erótico, bajo mi control y a mi manera y antojo, dominando el momento, el simplemente ahí dispuesto para mi entre besos, miradas, gemidos desbordábamos la sutil pasión que nos consumía con la llegada de la mañana hasta terminar fundido una vez más, hasta quedar agotados y dormidos un par de horas antes de salir a trabajar.

Habíamos pasado toda la noche viviéndola como si fuera la última vez para cada uno, dándonos por completo, y libertada de aprovechar hasta el último rincón y momento que teníamos, cansados, pero ambos complacidos y felices hicimos frente al día siguiente en las actividades laborales cada uno por su parte, los mensajes en el móvil continuaban con cierta emoción y entusiasmo, ese sería nuestro último día, bueno noche que estaríamos juntos y no nos volveríamos a ver, así lo habíamos a cordado, por lo que había también un sensación de inconformidad y lamento en mi interior, lo que me hizo reflexionar; que está pasando, no identificaba la emoción, pero me aterraba que fuera enamoramiento haciendo una pausa en mi interior y debatiéndome con mis conversaciones internas, racionalizaba conmigo misma y me programaba, - No puedes enamorarte, no hay razón para hacerlo, no te corresponde y no vas a llegar a ningún lado, y tampoco serás una auto victima justificando o sacrificando ubícate me repetía, ¿ cómo por qué te enamorarías, busca razones lógicas y céntrate no está disponible , es solo sexo disfrútalo y déjalo ir no te enganches, no metas emociones ni confundas la situación, y así todo el día estuve mentalizándome.

No cabe duda el poder de las palabras intenciones y lo que decretas hay un enorme impacto, por ello los complejos, creencias, mitos, miedos, inseguridades, auto estima son la potencia de las conversaciones internas que uno tiene y proyecta inconscientemente, ya lo había escuchado, pero no lo había podo validar con tanta claridad como esta ocasión, llego la tarde y ambos anhelábamos que ya se diera el encuentro y aprovechar al máximo, por lo que no hicimos esperar el tiempo, si bien estaba estimulada y con la añoranza de que llegara ese momento, lo cierto es que esa conversación me dio claridad y cuando lo vi de frente me repetí internamente, - Venga Karina es tu última noche vívela al máximo y déjalo ir, continua tu vida.

La última noche fue completamente diferente, teníamos un agotamiento, física y mentalmente, eso no le quito que estuviéramos sexualmente muy activos, pero ya no fue frenético ni con la duración de la primera noche, sin embargo, tenía un toque romántico, hubo más conexión emocional, hablábamos con las manos y miradas, era más el abrazo y conectar en él, descansábamos y hablábamos de todo un poco, y reanudábamos nuevamente el coito, entonces hicimos el amor un acto puro emocional, ya no era el placer sexual extasiado, era el conectar el sentirnos fundidos el uno al otro, la entrega fue total, emotiva, hubo ternura, calidez y calidad, nos negábamos a que esto fuera así el final y lo transformamos en algo mágico, a pesar de todas estas emociones me deje fluir y darme , entregarme, sin perder de vista que sería la última vez así que no me quedaría con ganas de nada ni con limitación, entregaría todo y una vez saliendo de esa habitación daría vuelta a la página.

 Aquí no debería haber mayor complicación, todo pintaba en contra para esa historia perfecta y lo correcto era que pasara rápido, y el tiempo trascurría demasiado pronto, la mañana pronto llegaría y cada minuto era el anuncio de un final, luego entonces me acomodo entre sus brazos me cubrió con la cobija me dio un beso en la frente y me dijo, quédate así, quiero consolarme que podría amanecer todos los días entre tus brazos y verte así toda mi vida, me beso y cerró los ojos.

A pesar de mi cansancio esa acción me robo el sueño por un tiempo, y comencé con mi conversación interna, ¿Que quiero en mi vida? Este hombre había despertado el instinto de volverme a enamorar, vivir en pareja y despertar abrazada y cobijada por tu ser amado, pero que tendría que hacer para no caer en la rutina del matrimonio, es inevitable que la pasión y la sexualidad se apacigua con el tiempo, y en cambio se complementan otros aspectos, precisamente acababa de pasar una noche anterior fue muy sexual y esta noche muy emocional y ambas maravillosas, cuál era la receta perfecta para tener esa balanza perfecta llena de sexualidad pero también amor y emociones, pero sobre todo como mantenerlo siempre activo, todo tiene que ser en equilibrio, comencé analizar que tenía el que me había llevado a esa reflexión, sin perder de vista que no sería el quien me acompañaría en mi vida de pareja.

Lo primero que reconocí es que sentía una admiración intelectual la cual me complementaba y me saciaba impresionantemente, lo segundo y por consecuencia es que el me admiraba y respetaba intelectualmente, entonces también lo complementaba, ambos teníamos personalidades diferentes, algunos intereses en común y éramos muy sexuales, esa fue la tercera cualidad, descubrí que el físico no era tan relevante pero que la química indiscutiblemente era básica; cuando abrí los ojos fue porque me susurraron al oído – Buenos días nena y me besaba el cuello y me tocaba a lo largo de mi cuerpo- comenzamos a tocarnos y besarnos con los cuerpos relajados y descansados las sensaciones estaban a flor de piel y comenzamos hacer el amor una vez más, aquí intercambiábamos pensamientos de que no queríamos que esto terminara así, y que ojala tuviéramos más tiempo, sin expectativas ni presiones solo expresábamos lo que sentíamos, una vez que terminamos fuimos a la regadera y ahí entre el agua caliente besos y abrazos nos envolvió el silencio de nuestras palabras y solo vivíamos el momento bajo la regadera de estar así fundidos en un abrazo.

Me vestí le di un beso en la frente y me Salí de la habitación, ya no emití ningún comentario ni el, ambos honrábamos nuestro pacto y ese momento era inevitable, retome mi viaje de regreso, me prometí a mí misma no hacerlo difícil ni engancharme en cosas que no pasarían ni supondría en lo que pudo ser y no fue, también me prometí no hacerlo dramático o doloroso por lo que no me permitía aflorar ninguna emoción, lo único que me permití fue agradecerme permitir vivirlo, fluir y soltar; Así que solo me repetía Gracias por estos días, gracias por lo que me diste y gracias por lo que recibiste.

El día transcurrió y llegué a mi destino, un par de horas más tarde recibí un mensaje de Eduardo que decía

E – gracias por todo, me llevo lo mejor, ya estoy llegando a casa, Dios te bendiga siempre y por siempre estarás en mi corazón. Solo lo leí y no emití ningún comentario, solo me dije en silencio, también gracias y que Dios te Bendiga.

Al paso de los días me volvió a dar vueltas la reflexión en la que me quedé dormida la última noche, y comencé a vincular ciertas coincidencias con Mauricio el Abogado, físicamente era hermoso muy atractivo, Eduardo no y no voy a entrar en comparaciones, el punto es que uno físicamente era irresistible el otro no, pero a ambos los admiraba intelectualmente y viceversa, ambos completamente de personalidades y vocaciones diferentes entre sí y a la mía, pero los tres muy sexuales, aun cuando hay cierta diferencias pues cada persona es única, con ambos la química era demasiado fuerte con Mauricio el tema del tacto o contacto de piel era impresionante con Eduardo el olor y sabor , los dos besaban diferentes pero con ambos embonaba perfectamente, con ambos no tuve prejuicios, me permití fluir con Mauricio la salvaje sexualidad de bajo instinto de llevarme a mis límites y descubrir mi capacidad sexual, con Eduardo la libertad de explorar fluir y meter emociones, con ambos llegue a niveles de varios orgasmos y me seguía preguntando que necesito hacer para encontrar el equilibrio perfecto entre el amor, lo sexual, lo profesional y la vida de pareja.

Mi vida continua entre trabajo y familia, había dado vuelta a la página, habían pasado un par de meses, recibí nuevamente un mensaje de Eduardo.

E - Hola nenita buenas noches ¿estas ocupada?, mi corazón latió fuertemente y me negué a contestar de inmediato, respire profundamente he hice otras actividades, no quería estar bajo la influencia de ninguna emoción así que me di mi espacio para ser lo más objetiva y congruente, ya por la noche respondí,

K -Hola a tus ordenes, ¿cómo estás?, de inmediato respondió

E – Muy bien gracias, oye mañana inicio un congreso en tu ciudad estaré ahí 2 días este es mi itinerario y adjunto una imagen, no tengo mucho tiempo de hablar ahorita pero te hice una reservación en el hotel te paso los datos ya está pagado todo, espero poderte ver. enseguida envió los datos del hotel

k.- OK lo reviso que descanses respondí.

Sin mayor información que su itinerario y una reservación a mi nombre, me dejaba desconcertada, confundida pase la noche inquieta, era evidente que un encuentro así no era para platicar nada más, y eso me causaba inquietud, habíamos hecho un pacto y no entendía por qué nuevamente hacia contacto.

A la mañana siguiente vi un mensaje a primera hora del día de Eduardo que decía

E- Nena ya voy en camino, sé que no es lo que acordamos, pero de verdad quiero verte por favor llega.

Mi reacción solo fue leerlo y no respondí, así que continúe con mis actividades del día, en el trabajo me llego un comunicado de que al día siguiente no tendríamos actividades laborales por un evento que tendrían en corporativo conmemorativo, únicamente personal de sucursal y atención de clientes seria quienes harían guardia y yo no entraba en esa categoría, llegando a casa me quede sentada en el sofá con la mirada perdida y mis pensamientos con Eduardo, cuando hice conciencia ya iba de camino al hotel con una pequeña maleta, entre al estacionamiento y me quede paralizada ahí, sentada tras el volante, mi razón me decía que regresara a casa, pero mi intuición me alentaba a entrar, luchaba conmigo misma, no fue hasta que la lluvia me regreso a la realidad, las gotas grandes mojaban mi brazo que se asomaba por la ventana del vehículo y en cuestiones de segundos comenzó una fuerte tormenta, tome mis cosas baje del vehículo y corrí hacia la recepción, mojada y nerviosa le dije a la señorita que tenía una reservación , me pidió mis datos y realizo el ingreso, me proporciono la llave e indico los servicios incluidos como alimentos y bebidas a cualquier hora y servicio a la habitación, tome la llave y me dirigí al elevador , la temperatura había bajado mucho se sentía el frio en el ambiente.

Ingrese a la habitación, se encontraba vacía y sobre la cama una rosa con una tarjeta que decía "te he extrañado nena", observe que no había maletas ni señales de que alguien más estuviera hospedado, así que pedí un café a la habitación para entrar en calor y espere el servicio, lo recibí, y di unos sorbos al café, llene la tina del baño con agua caliente y me metí en ella, había programado el televisor en un canal de música y tenía la puerta entre abierta del baño y permanecí ahí por algún tiempo, entre el vapor y la música no pensaba en nada solo quería relajarme y regalarme ese espacio para mí, por un momento olvide a Eduardo, cuando enfrió el agua de la tina, me enjuague, seque, puse crema corporal, me seque el cabello con secadora y me envolví en una toalla para salir por mi ropa, y ahí estaba recostado en la cama boca arriba en silencio y atento.

E-. Hola nenita, no quería interrumpir tu baño te veías realmente hermosa y relajada, y por lo que veo no te percataste que entre.

Yo me quedé sorprendida y paralizada en la puerta del baño.

K- Hey ¡hola, en que momento entraste no te escuché ni oí la puerta, ¿cuánto tiempo tienes aquí?

Eduardo se levantó de la cama y se aproximó a mí con una sonrisa preciosa me abraza cálidamente.

Eduardo. - no sabes cómo te he extrañado, nena no pude resistirme a verte una vez más, me enviaron para acá y lo primero que pensé fue en ti, ¡hey! estas temblando y estas heladas ven metete a la cama.

Me llevo a la cama me despojo de la toalla descubrió la cobija se quitó la ropa y me abrazo, me cubrió con todo su cuerpo calientito para darme calor, yo no había articulado palabra alguna, solo me dejaba llevar y fluir, el no paraba de hablar, mientras me abrazaba y con sus manos frotaba mis hombros y espalda para generar calos, sus piernas las tenía entre lazadas con las mías, y sus pies no dejaban de frotar los míos, no dejaba de temblar, recostada sobre su pecho solo lo escuchaba, hablaba de los lugares en los que había estado , algunos acontecimientos familiares, temas del trabajo, yo solo escuchaba y hacia movimientos con la cabeza de atención o generaba expresiones , y él seguía hablando.

La realidad es que ya había entrado en calor, pero mi cuerpo no dejaba de temblar, comencé a ensimismarme en esa reflexión, y a tener una conversación conmigo misma, ¿por qué no hablo?, que me pasa, no dejo de temblar y ya no tengo frio, caray que bien se siente estar así en su regazo y calientita, podría permanecer a si una eternidad, escuchaba a lo lejos el BLA, BLA BLA y murmullo de Eduardo, pero no sabía qué demonios decía, mi conversación seguía fluyendo en mi cabeza, ¿ por qué demonios no me ha besado?, que encuentro tan raro, ¿ qué me pasa , porque analizo todo?

E-¿Karina, Karina, Nena te dormiste? Bomm las palabras de Eduardo me aterrizaron de trancazo de nuevo a la realidad y volite a verlo.

Eduardo, - Nena estas bien, ¿te arrulle?

K. - No jeje discúlpame te escuchaba.

Eduardo. - en serio? Que te estaba diciendo a ver dime

K. - ¡lo siento! lo último no te puse atención creo que me perdí

E - mucho, no has dicho casi nada, lo bueno es que ya dejaste de temblar

Lo observe fijamente, y solo levante los hombros, enseguida me aproxime y comencé a besarlo, despacio, poco a poco, sutil, apenas rozando labios y delineando sus labios con mi lengua, me recorría hacia su mejilla, ojos con pequeños besos, su nariz y regresaba a sus labios, nuestras manos solo sujetaban nuestras espaldas fundidos en un profundo abrazo, el beso comenzó a tornarse más intenso la apertura de nuestra boca cada vez era más grandes y el jugueteo de lenguas se entrelazaban , recorríamos nuestros interiores, el calor de nuestros cuerpo comenzaron a despojar la cobija, afuera la lluvia no cesaba y solo con la luz del televisor y la música de fondo nos acompañaba, se montó sobre mi mientras continuábamos besándonos, las manos comenzaron a desplazarse a lo largo de nuestros cuerpos, el comenzó a besarme el mentón, el cuello de un lado al otro, recorría mis hombros uno y otro fue bajando hasta mis pechos, como niño se pauso ahí, los tomaba con ambas manos y los llevaba a la boca tratando de meter lo más que pudiera y sacaba, con su lengua circulaba mi pezón y sus labios los apretaba y comenzaba de nuevo alternando uno y otro, por mi parte yo estimulaba mi clítoris con su miembro recto recorriendo de un lado a otro, las ventanas comenzaron a empañarse, la lluvia no paraba y adentro en la habitación el calor invadía el ambiente, continuo bajando por mi estómago, mordisqueaba mis caderas y se recorría a la pelvis y repetía la acción de un lado al otro, yo quería seguir tocándolo , pero llevo mis manos arriba de la almohada y me dijo

E – No hagas nada, yo seré quien te consienta. y se bajó hasta mi clítoris, llevo mis piernas por encima de su cuello reposándolas en su espalda mientras degustaba cada rincón desde las ingles hacia las nalgas y subía hasta el clítoris una y otra vez, de momento introducía un dedo haciendo movimientos circular sutiles, no dejaba de salivarme y yo no dejaba de humedecer, el no paraba y se sentía su entusiasmo y dedicación, simplemente me deje ir, disfrutaba cada movimiento que hacía , no pensaba en nada solo vivia el placer , mucho rato estuvo trabajando la zona, hicimos un pausa para que descansara y era mi turno de complacerlo así que invertimos la posición de frente a el sobre mis rodillas inclinada en su pene, comencé a besarle y succionarle, me tome mi tiempo de recorrer desde si ingle , testículos y el miembro completo, el me observaba detalladamente y cruzábamos miradas, podía ver su rostro sumergido en complacencia total, recogía mi cabello con sutileza para verme el rostro, hacia gemidos y susurraba algo entre labios

Estando ya demasiado estimulado, me jalo hacia él y me dijo.

E - ven móntame quiero verte y sentirte.

 Así que me subí en él y comencé lentamente y poco a poco a introducirme y bajar despacio hasta llegar al tope, sin desprenderme de su pelvis comencé a hacer movimientos circulares contrayendo mi útero apretando una y otra vez sin dejar de oscilar, despacio, sin prisa, suave tratando de recorrerme toda por dentro sutilmente sin dejarnos de ver, me sostuvo con sus manos la cadera y el comenzó a moverse rápidamente y a un solo ritmo, llevé mis manos a la cabecera para hacer contra fuerza , gemía y le decía.

K- hay así no pares, humm no pares ay,

 Comencé a escurrir sobre su pelvis y los laterales de sus caderas hasta la cama y el comenzó a intensificar el movimiento hasta terminar, sudada , mojada y agotada me deje caer sobre su pecho tratando de recuperar el aliento, el me sostuvo entre sus brazos, podía sentir como me elevaba con su caja torácica al son de su respiración, los dos húmedos, al calor de nuestros cuerpos, respirando excitadamente hasta recuperar la normalidad y enfriar nuestros cuerpos, ahí en silencio, sin emitir palabra alguna, sin pensamientos ni conversaciones internas , solo presentes y residentes.

Eran las 7:00 pm cuando se levantó de la cama y se metió a bañar, se vistió y me dijo- voy a trabajar, recupérate, pide lo que ocupes, todo está cubierto ok.

K. - se sentó en la cama recargada en la cabecera y respondió. - Pero adónde vas, ¿iras ahora a la oficina?

E. - No nena tengo mi habitación al lado, por ello no oíste cuando entre. Acto seguido Eduardo abrió una puerta que comunicaba a la habitación continua, alcance a ver que en la cama estaba una computadora y su maleta.

E- estaré aquí, tomare una conferencia y junta con mi equipo de trabajo, come algo linda por favor.

K - pero ¿por qué dos habitaciones?, igual podrías trabajar aquí.

E. - Nena vengo con mi equipo de trabajo ellos están en otras habitaciones, pero igual nos reunimos o viene por algún tema y obvio no puede haber nadie más, por ello pedí este piso que comparte habitaciones, y va estar mejor, así descansas y te recuperas, al rato vengo, es más pediré la cena a la habitación para estar contigo va.

Eduardo salió de la habitación y cerró la puerta, me quede por un momento en pausa sin pensamientos solo presente en la habitación, respire profundamente, solicite más agua y una copa de vino blanco a la habitación, me metí a bañar me puse un camisón de encajes color vino sin ropa interior, busque una película en el televisor y encontré 50 sombras de gray, bebía mi vino y veía la película, comencé a reflexionar una vez más, cuántas mujeres en el mundo se idealizaron con esta película, el hombre guapo millonaria que elige a la chica más sencilla y la lleva en este viaje de placer obscuro, y entonces miles de féminas querían experimentar su amor masoquista con un multimillonario, pero la realidad va más allá, cuantas mujeres quieren experimentar lo que ven en una pantalla referente a un orgasmo real y sublime, desprender su alma por un momento pasional como lo hacen ver en las películas , la falta de amor propio las acompaña en esperar su príncipe azul al rescate con todas la cualidades del mundo, cuando pueden vivir su propia historia, su propio orgasmo, y ser protagonista de su vida en todos los ámbitos a ser felices con o sin (pareja, dinero, lujos etc) la realidad supera la ficción y aceptar la realidad y trabajar en ella para buscar el ser feliz hasta en algo como la propia sexualidad e intimidad, termine mi copa de vino y me recosté atravesada a lo diagonal de la cama con la colcha encima y me quede dormida.

Entre sueños escuché ruido y cuando abrí los ojos la habitación estaba oscura y vi como una silueta se movía en aproximación hacia a mí, desconcertada me incorporé cuando escuche

E – soy to nenita, ¿te desperté? prendió la lámpara del tocador. Adormecida y deslumbrada por la luz pregunte

K- ¿qué horas son?

E - las 9:40 pm no es muy tarde, descansaste. Se inclinó para besarme y abrazarme – Humm hueles deliciosa toda tu.

K- correspondí el gesto cariñoso y susurré. - Me muero de hambre ¿tú no?

E. - Si ya solicité la cena pedí lo mismo para los dos espero no te moleste, pero se me antojaba todo así que podríamos compartir platillo te late.

K - Si me encanta la idea

(Se escucha tacar la puerta principal de la habitación, Eduardo abre y hace pasar el carrito del servicio, había unos cortes de carne, pasta, vino tinto, pan y ensalada.)

Me incorporé a la salita de la habitación y habilitamos ahí nuestro comedor improvisado, todo se veía deliciosos y yo no pude esperar para comenzar a devorar cuanto podía, de verdad moría de hambre y sed, me sentía muy deshidrata, al verme en ese estado Eduardo mando traerme suero y más vino tinto, durante la velada platicábamos y reíamos mucho, entonces fue mi turno de hablar sin parar, le compartía vivencias que tuve después de verlo, a los lugares que había ido, temas familiares, el atento escuchando y observándome entonces pare en seco

K- ¿Qué demonios estamos haciendo Eduardo?

E - No, por favor no lo hablemos, deja que siga como hasta ahorita, para que atormentarnos.

K. - Claro que ahorita está increíble y después, tu llegas a casa y duermes caliente atendido, yo regreso y duermo sola y con una responsabilidad encima, no me quiero enamorar, no me quiero complicar y no quiero compartirte, disculpa mi egoísmo.

E. - Nena yo estoy enamorado y vivo un infierno por decirlo de alguna manera, vivo culpable tampoco para mi es fácil.

K. - me   convertiré en tu Barragana, Por Dios esto no es lo que quiero para mi

Eduardo. - ¿En mi qué?

K - Tu amante, no está bien, ella es buena mujer tienes una familia no lo eches a perder y con esto no te digo que no valgo la pena, claro que lo valgo y mucho, y por ello no voy a pagar este precio, merezco un todo ¿sabes?

E. - Si nena lo se Perdóname no quiero hacerte sentir mal y me rehusó a perderte.

Eduardo se aproxima a Karina y la abraza y besa en la frente

E. - Por favor terminemos el día bien, te prometo que mañana lo hablamos.

K- tienes razón

 Esa noche fue increíble, tuvimos sexo una y otra vez, y hacíamos el amor, la lluvia volvió como chubasco en la madrugada, en un séptimo piso con las cortinas abiertas y total obscuridad la pasión se consumía una y otra vez, nos explorábamos con un sinfín de posiciones diferentes, me expresaba que nunca había tenido un sexo asi que era el mejor de su vida, y para mí fue la noche que más orgasmos he tenido, estábamos exhaustos con el reflejo de luz que entraba por la ventana podíamos alcanzar a ver nuestros rostros, tumbados boca abajo viéndonos de frente, no dejaba de acariciar mi rostro y pelo hasta que se quedó dormido, en un par de horas más llegaría el amanecer, me levante de la cama, me vestí recogí todas mis cosas, bese su frente y lo tape, y Salí en medio de la obscuridad, al llegar a la recepción pedí papel y un sobre, escribí una nota mientras tomaba un café exprés, en ella le decía.

Querido Eduardo, espero te recuperes de la desvelada, ordene el desayuno para ti, buen provecho, estamos a destiempo, no es el momento te agradezco tu tiempo me has hecho muy feliz, así que te suelto, regresa a donde perteneces y buena vida.

Solicite le llevaran el desayuno con esa nota a las 6-.00 am y entregue mi llave, una vez más corría bajo la lluvia para llegar al auto, ahí permanecí como una hora aproximadamente esperando que bajara la lluvia y aclarara un poco el día, recargada contra el volante, me repetía una y otra vez esto no es para ti, esto no es para ti, irónicamente me sentía liberada, no había nostalgia o dolor, solo agradecimiento y desde el amor y desapego ahí mismo cerré mi ciclo, encendí el automóvil y me marche.

Recibí al día siguiente varios mensajes de Eduardo, pero nunca los abrí, no supe que decía, el tiempo ha transcurrido días, semanas y meses de vez en cuando me escribe y me dice   que anda en tal lado, que me sueña y extraña, en otra ocasión repitió la estrategia de decirme que estaría en tal parte y había una reservación para mí, sonrió y elimino los mensajes, nunca más he contestado, ha sido una experiencia padrísima y he aprendido mucho de ello, sobre todo en temas de reflexión esa que tuve con la película, en verdad me hizo eco en mi misma, si bien he tenido algunos encuentros sexuales son eso nada más, sigo en esa búsqueda de la formula y la persona correcta, pero me enfoco en cómo ser feliz en mi realidad, y con mis recursos, disfruto de cada momento, he hecho cambios en mi vida rotundamente, he dejado de perseguir puestos de poder en lo laboral, retome cosas que había dejado de hacer por falta de tiempo, he invertido calidad para mí y me doy mis espacios para realizar cosas que no había podido hacer, estoy lista para el siguiente capítulo en mi vida, y estoy convencida que encontrare esa fórmula y esa persona, estoy preparada para dar y para recibir, estoy feliz y orgullosa de mis alcances en todos sentidos, tengo claro lo que sí y lo que no quiero en mi vida.

CAPITULO 6

AL PUNTO.

Karina descubrió su   sexualidad como mujer y gozar en toda la extensión de la palabra, sin tabú, sin complejos, con egoísmo de buscar satisfacción y llegar una y otra vez al orgasmo , exponer su sensualidad, sexualidad y ponerla a su servicio y al placer del compañero de cama, al tener claro que sí, que no, y hasta donde estaba dispuesta a probar y experimentar, entregándose sin condición ni remordimientos, trasparente, reciproco, dejando a fuera literal, estatus social, postura, máscaras , apariencias , complejos, adentro solo dos cuerpos desnudos completamente por el placer de disfrutar, sin titubear con conversaciones internas y prejuicios, disponibilidad total, libertad total, no se puedes ocultar lo que hay en el cuerpo, es lo que tiene, solo lo pone a disposición con toda la actitud de dar y recibir, en completo equilibrio, en igualdad de placer.

 Reflexionaba en esa mezcla de olores, sabores, fluidos, el calor emanando de dos cuerpos dispuestos a fusionarse en ese momento, saciando la sed de cada uno y llegar a la satisfacción mutua; El orgasmo es de quien lo trabaja, y el principal trabajador es uno mismo, si tu no lo busca y labras el camino es imposible que el otro lo haga.

La importancia del Juego sexual, el coqueteo previo es la entrada al banquete, el cuerpo humano es un platillo que cada parte por separado lleva su propio sazón, hay que degustarlo por sesiones   ir recorriéndolo en tiempos, cada tiempo lo lleva a una temperatura adecuada, permite que los jugos hagan su trabajo hasta llegar a su término perfecto para entonces comerlo a placer, como todo comensal hay diversidad en el gusto y al tenerlo en la mesa invitas a probar de todo hasta elegir tu preferido, con paciencia entre conversaciones, risas, aperitivos y bocadillos, estimulas el clima para finalmente sentarte en la mesa y servirte hasta saciar tu hambre.

Es el momento de descubrir, ninguno es adivino, cada uno sabes dónde siente, que le gusta, como te gusta, lo tienen que decir, dentro de la creencia por lo general, se cree que   ellos no tienen problema en decirte que les hagas, que buscan satisfacerse, y lo pueden hacer en poco tiempo y es más fácil y que ellas no, la realidad es que ellos entran con una presión impresionante, no siempre su miembro responde como ellos quisieran a veces no lo controlan, también van con temores e inseguridades de poder cumplir la expectativa de la mujer, la cuestión es que   si no tienen claro que quieren como pretendes llegar a su máximo placer.

Karina recordó el consejo que recibió de joven en una despedida de soltera y recapacitando se dijo. - ¿Puta? Claro que soy Puta, me llevo más de 20 años entender este concepto, 20 años en el que tu cuerpo pierde propiedades de firmeza, estética, y que hoy me siento más deseada que nunca, ¡carajo! si esto lo hubiera vivido desde un inicio en un matrimonio joven, disfrutar y descubrir cada una de las etapas de la sexualidad y el placer de la mano de tu pareja de vida, creo que otra historia se hubiera contado en muchos matrimonios.

Por increíble que parezca, algo pasa en los matrimonios, sin generalizar, pero la mayoría se olvida de vivir el erotismo, la interacción es parte del día a día, hay un abandono total en ambos, dejan de desearse, procurarse, complacerse, no hay miradas de antojos, por lo general son temperaturas del momento y como tienen el plato servido comen, dejan de verse; luego entonces en la calle se sienten observados, con atenciones diferentes y tientan a la suerte.

La importancia de ser admirado y admirar a tu pareja, eso que te impulsa a ser mejor cada día, la química, conquista, la confianza, seguridad, estar en silencio y entenderse, comunicar, estar al servicio, desde el amor de uno mismo hacia el exterior, eso se olvida en el día a día, dejar de reír y disfrutar en todo momento a un en los peores.

Puta, si lo soy, pero también una ama una dama, una mujer, una proveedora, una madre, compañera, hija, cocinera, enfermera, amiga, soy una amante, Amante de la vida, del despertar, del reír, del sexo, del cine de todo lo que me apasiona y me ratifica que estoy viva, ahora veo desde otra perspectiva la palabra puta, y creo entender lo que intento trasmitir aquella mujer, y desde mi punto de vista más que ser ofensivo y despreciativa, entendí lo que implicaba, el acto sexual es el momento del placer, de pasión, hay que entrar libre y sin vendas en la cama con mutuo acuerdo todo se vale, tienes que dejar tu integridad fuera de la cama, con mayor razón las emociones como amor, ideales, o pretensiones emocionales, en ese momento eres un cuerpo de placer y tienes a tu disposición un cuerpo de placer, es el único lugar donde puedes ser otra persona, ser grotesca, atrevida, extrovertida, sumisa, puerca, domínate, anti sonante, agresivo, pasiva, activa, con iniciativa, PUTA, es un momento, es en el acto y es la experiencia y la vivencia de dos.

Es el arte de ser amantes, y con esto, no te digo el concepto coloquial de amantes casado o casada que es infiel, no, no me refiero a ese amante, me refiero persona que acompaña a otra en una clase de relación amorosa principalmente de carácter sexual, del amor a la sexualidad de vivir con pasión el coito, y este es con tu esposo, novio, amante, amigo, extraño lo que te acople en tu momento de vida.

Por amor tenemos paciencia, por amor tenemos disponibilidad, templanza, tolerancia en los peores momentos y en los mejores momentos, respetando la individualidad del ser amado, del hijo , de los padres, del amigo, de la pareja, esposo, es la aceptación total del ser , por amor te entregas al acto sexual en un acto de idealización, claro que es un complemento y fulminación de una emoción o sentimiento donde haces el amor, pero disfrutar de la sexualidad es un acto de libertad propio de egoísmo compartido por una satisfacción mutua y que maravilla hacerlo con quien amas.

Cuando logras entender esto, tu visión cambia, por eso, para ellos es fácil enrolarse una noche y no pasa nada, domina el instinto animal, justificado por los tiempos y la sociedad, que beneficio de ser hombres, porque se dicen que son visuales no emocionales, pero todos somos animales instintivos, todos somos seres activamente sexuales, quítate por un momento los prejuicios y rollos mentales de que la mujer es emocional, si lo somos, pero también tenemos un instinto animal reprimido, por creencias, educación y contexto social.

Inicié mi actividad sexual a los 18 años, y como los toreros, tuve que entrar al ruedo, y torear muchos toros, en cada corrida iba teniendo experiencia y de muchas corridas llegaron faenas muy buenas, pero también cogidas, me enfrente a toros pura sangre, a becerros y muchos bueyes, pero solo la experiencia te permite conocer, y definir qué tipo de corrida quieres.

Y bueno el tiempo no pasa en vano, el universo concede lo que pides, no quito el dedo del renglón, esa búsqueda sigue en puerta con sus diferentes matices, una nueva etapa está comenzando lista para abrir nuevas puertas.

¿- Hola como estas hoy bonita?

K-¡ Holaaa……….

FIN

I want morebooks!

Buy your books fast and straightforward online - at one of world's fastest growing online book stores! Environmentally sound due to Print-on-Demand technologies.

Buy your books online at
www.morebooks.shop

¡Compre sus libros rápido y directo en internet, en una de las librerías en línea con mayor crecimiento en el mundo! Producción que protege el medio ambiente a través de las tecnologías de impresión bajo demanda.

Compre sus libros online en
www.morebooks.shop

KS OmniScriptum Publishing
Brivibas gatve 197
LV-1039 Riga, Latvia
Telefax: +371 686 204 55

info@omniscriptum.com
www.omniscriptum.com

Printed by Books on Demand GmbH, Norderstedt / Germany